아미타경 심요
阿彌陀經 心要

이시푼촉益西彭措 캄포 강술

허만항 편역

아미타 부처님과 극락세계

저자의 스승인 법왕여의보法王如意寶 직메 푼촉(晉美彭措:1933~2004) 린뽀체.

활불活佛 직메 푼촉 린뽀체는 중국 사천성 4천 미터 고원에 위치한 세계 최대의 불교사원 오명五明불학원의 창건주이다. 그는 태어나면서 부터 가부좌 한 체 눈을 뜨고 문수보살 만트라 "옴 아라 파자나 디"를 일곱 번 염송하였다. 닝마파의 조사인 연화생 대사의 첫번째 제자인 도제 돈충의 환생자로 인정된 그는, 제13대 달라이라마의 스승인 레랑링파 존자의 화신으로도 알려졌다. 그는 일찍 깨달음을 이룬 후 1980년, 지금의 써다色达현 라룽에 터를 닦아 32명의 제자들을 가르치기 시작하였다. 7년 뒤 제10대 판첸라마가 그를 활불 린뽀체로 인가하고 중국 당국의 승인을 받아 라룽 오명불학원을 개설하였다. 그의 법력은 널리 알려져 국내외에서 구도자들이 찾아와 한때 수행자가 7만여 명에 달하기도 했다. 직메 푼촉 린뽀체를 다비(화장) 하는 날 무지개가 뜨고 사리가 우박처럼 하늘에서 쏟아졌다고 한다. 하늘에서 내린 사리를 천공사리天供舍利라고 한다.

저자의 스승인 직메 푼촉 린뽀체를 형상화한 탕카

젊은 시절의 직메 푼촉 린뽀체와 오명불학원의 제자들

세계 최대의 사원인 중국 사천성의 오명불학원 전경

일러두기

※ 이 책은 이시푼촉益西彭措 캄포 스님께서 당역본 아미타경인 현장법사의 칭찬정토불섭수경稱贊淨土佛攝受經을 강해한 『당역아미타경 강기唐譯阿彌陀經講記』를 저본으로 번역한 것이다.

목 차

경문 : 칭찬정토불섭수경   12
들어가는 말   28

당역 아미타경 강기
　제1품 법회에 참석한 성중   32
　제2품 부처님께서 극락을 말씀하시다   38
　제3품 난간과 그물의 장엄   56
　제4품 공덕수와 연꽃광명   58
　제5품 미묘한 음악장엄   76
　제6품 황금 대지의 장엄   88
　제7품 부처님께 꽃비 공양 올리다   94
　제8품 영묘한 새들의 설법   104
　제9품 바람과 나무의 음악소리   116
　제10품 국토의 공덕이 무량하다   124

제11품 광명과 수명이 무량하다　130
제12품 성중이 무량하다　140
제13품 구경의 불과를 꼭 증득하리라　146
제14품 왕생을 발원하라　152
제15품 집지명호의 행을 세워라　158
제16품 신·원·행으로 증명하라　162
제17품 시방세계 부처님께서 찬탄하시다　166
제18품 경의 제목을 명시하다　184
제19품 부처님께서 간곡히 부탁하시다　192
제20품 제불께서 세존을 찬탄하시다　200
제21품 수승한 인과 미묘한 과　208
제22품 성중들이 기뻐하고 봉행하다　214

권수문 : 쉽게 행하는 길로 닦아라　216

부록 : 미타경찬　238

또 사리자여! 만약 어떤 청정한 믿음을 지닌 선남자나 선여인들이 무량수불의 무량무변하고 불가사의한 공덕 명호와 극락세계의 공덕 장엄을 듣고, 듣고 나서 사유하여 만약 하루 밤낮이나 혹 이틀이나 사흘이나 나흘이나 닷새나 엿새나 이레 동안 생각을 매어두고 산란하지 않는다면 이 선남자나 선여인이 목숨이 다하려 할 때, 무량수불께서 그 무량한 성문제자들·보살성중과 함께 앞뒤로 둘러싸고 그의 앞에 와서 머물러 계시며 자비로 도우셔서 마음을 산란하지 않게 하시나니, 이미 목숨을 마치고 나서는 부처님과 회중을 따라 무량수불의 극락세계 청정불토에 태어날 것이니라.

"又, 舍利子! 若有淨信諸善男子或善女人, 得聞如是無量壽佛無量無邊不可思議功德名號·極樂世界功德莊嚴, 聞已思惟, 若一日夜, 或二·或三·或四·或五·或六·或七, 繫念不亂. 是善男子或善女人臨命終時, 無量壽佛與其無量聲聞弟子·菩薩衆俱前後圍繞, 來住其前, 慈悲加佑, 令心不亂;旣捨命已, 隨佛衆會, 生無量壽極樂世界淸淨佛土."

칭찬정토불섭수경 稱讚淨土佛攝受經

당역唐譯 아미타경阿彌陀經

칭찬정토불섭수경

稱贊淨土佛攝受經

이와 같이 나는 들었다. 한 때 석가모니 부처님께서 실라벌성의 서다림 급고독원에서 대비구 무리 1,250인과 함께 계셨으니, 그들은 모두 덕행이 높은 성문들로서 대중들로부터 신망을 받고 인정받는 대 아라한으로 그 이름은 존자 사리자 · 마하목건련 · 마하가섭 · 아니율타 등 이와 같은 대성문들이었고, 상수가 되었다.

또한 무량한 보살마하살들이 함께 하셨는데, 그들은 모두 불퇴전의 자리에 머물러 계시며, 무량한 공덕으로 장엄하신 분들로 그 이름은 묘길상 보살 · 무능승 보살 · 상정진 보살 · 불휴식 보살 등 이와 같은 대보살 마하살들이었고, 상수가 되었다.

또 제석천왕·사바세계 주인인 대범천왕·세상을 보호하는 사천왕, 이와 같은 이들을 상수로 한 백천 구지 나유타 수의 모든 천자 무리들과 그 밖에 세간의 무량한 천·인·아수라 등이 법을 듣기 위해 법회에 함께 와서 앉았다.

이때 세존께서 사리자에게 말씀하시길, 그대는 지금 알고 있느냐? 이곳에서 서방으로 저 세계까지 백천 구지 나타유 수의 불국토를 지나가면 극락이라 이름하는 부처님 세계가 있느니라. 그곳의 세존께서는 명호가 무량수·무량광이시고, 여래·응공·정등각의 십호가 원만하시며, 지금 그곳에서 안온히 주지하시면서 모든 유정들을 위해 매우 깊은 묘법을 잘 설하시어, 그들로 하여금 수승한 이익과 안락을 얻게 하시느니라.

또 사리자여, 어떤 인과 어떤 연으로 저 부처님의 세계를 극락이라고 하는가? 사리자여, 저 세계에 있는 모든 유정들은 몸과 마음에 어떠한 근심과 고통도 전혀 없고, 오직 무량 청정한 기쁨과 즐거움만 있나니, 이런 까닭에 극락세계라 이름하느니라.

또 사리자여! 극락세계 청정불토에는 곳곳마다 일곱 겹으로 줄지어 늘어선 미묘한 보배 난순과 일곱 겹으로 줄지어 늘어선 보배 다라수와 일곱 겹의 미묘한 보배그물이 있어 이 주위를 둘러싸고 있고, 네 가지 보배로 장엄되어 있으니, 즉 금보·은보·폐유리보·파지가보로 사이사이 수놓아져 미묘하게 장식되어 있느니라. 사리자여! 저 불국토에는 이와 같은 등 갖가지로 미묘하고 아름답게 장식한 공덕장엄이 있어 매우 좋아하고 즐거워할 수 있나니, 이런 까닭에 극락세계라 이름하느니라.

또 사리자여, 극락세계 청정불토에는 곳곳마다 칠보 연못이 있어 그 속에 팔공덕수가 가득 차 있나니, 어떤 것들을 팔공덕수라 하는가? 첫째는 맑고 투명하며, 둘째는 시원하며, 셋째는 감미로우며, 넷째는 부드러우며, 다섯째는 윤택하며, 여섯째는 평안하며, 일곱째는 마실 때 굶주림 등 무량한 허물 근심이 사라지며, 여덟째는 마시고 나면 꼭 모든 근·사대를 장양시킬 수 있고 온갖 수승한 선근을 증익하게 되나니, 복덕이 많은 중생들은 항상 즐겨 누리느니라.

이 모든 보배 연못은 바닥에 금모래가 깔려 있고, 사면 주위에는 네 개의 계단길이 있으며, 네 가지 보배로 장엄되어 있어 매우 좋아하고 즐거워하느니라. 모든 연못 주위에는 미묘한 보배나무가 사이사이 줄지어 늘어서서 장식하며 짙은 향기를 발산하고 있고, 칠보로 장엄되어 있어 매우 좋아하고 즐거워하나니, 칠보라 함은 첫째 금, 둘째 은, 셋째 유리, 넷째 파려, 다섯째 적진주, 여섯째 아습마게바 보배, 일곱째 모사락계랍바 보배이니라.

이 모든 연못 안에는 항상 갖가지 여러 색깔이 뒤섞인 연꽃이 있는데, 그 크기가 수레바퀴만 하고, 푸른 연꽃에서는 푸른 빛깔을 띠고 푸른 광채가 빛나고 푸른 그림자가 드리우며, 노란 연꽃에서는 노란 빛깔을 띠고 노란 광채가 빛나고 노란 그림자가 드리우며, 붉은 연꽃에서는 붉은 빛깔을 띠고 붉은 광채가 빛나고 붉은 그림자가 드리우며, 흰 연꽃에서는 흰 빛깔을 띠고 흰 광채가 빛나고 흰 그림자가 드리우느니라.

사리자여! 저 불국토에는 이와 같은 등 갖가지로 미묘하고 아름답게 장식한 공덕장엄이 있어 매우 좋아하고 즐거워할 수 있나니, 이런 까닭에 극락세계라 이름하느니라.

또 사리자여! 극락세계 청정불토에는 무량무변의 온갖 미묘한 천상음악이 저절로 항상 흘러나오는데, 음의 곡조가 잘 어울리고 청아하여, 매우 좋아하고 즐거워하느니라. 모든 유정들이 이 미묘한 소리를 들으면 모든 악과 번뇌가 다 소멸되고, 무량한 선법이 점차로 증장하여 빨리 무상정등보리를 증득하느니라.

사리자여! 저 불국토에는 이와 같은 등 갖가지로 미묘하고 아름답게 장식한 공덕장엄이 있어 매우 좋아하고 즐거워할 수 있나니, 이런 까닭에 극락세계라 이름하느니라.

또 사리자여! 극락세계 청정불토에는 두루 펼쳐진 대지가 황금으로 이루어져 있고, 그 촉감이 부드러우며, 향기롭고 깨끗하며, 온통 광명으로 빛나고, 무량무변의 미묘한 보배가 사이사이를 장식하고 있느니라.

사리자여! 저 불국토에는 이와 같은 등 갖가지로 미묘하고 아름답게 장식한 공덕장엄이 있어 매우 좋아하고 즐거워할 수 있나니, 이런 까닭에 극락세계라 이름하느니라.

또 사리자여! 극락세계 청정불토에는 밤낮으로 여섯때에 항상 갖가지 아주 미묘한 하늘 꽃들이 비 오듯 내리는데, 그것은 광택과 향기를 발산하고 깨끗하며, 미세하고 부드러우며 여러 가지 빛깔로 찬란하나니, 보는 이의 몸과 마음을 쾌적하게 하고 기쁘게 하나 탐착하지 않게 하며, 유정들에게 무량무수의 불가사의하고 수승한 공덕을 증장시켜 주느니라.

저 유정들은 밤낮으로 여섯때 언제나 무량수불께 공양하고, 매일 새벽마다 하늘 꽃을 손에 쥐고, 밥 한 끼 먹는 짧은 시간에 타방의 무량세계로 날아가서 백천 구지 모든 부처님께 공양을 올리고, 모든 부처님 각자의 처소에서 백천 구지 꽃나무를 손에 쥐고 뿌리며 공양하고, 본래 자리로 돌아와서 하늘을 거닐거나 머물러 계시니라.

사리자여! 저 불국토에는 이와 같은 등 갖가지로 미묘하고 아름답게 장식한 공덕장엄이 있어 매우 좋아하고 즐거워할 수 있나니, 이런 까닭에 극락세계라 이름하느니라.

또 사리자여! 극락세계 청정불토에는 항상 갖가지 기묘하고 좋아하는 여러 빛깔의 온갖 새들이 있나니, 이른바 백조·추로·백학·공작·앵무

새·가릉빈가·명명새이니라. 이와 같은 여러 새들이 밤낮으로 여섯때에 항상 같이 모여서 잘 어울리고 청아한 소리를 내어서 그 부류에 따라 묘법을 선양하나니, 이른바 사념주·사정단·사신족·오근·오력·칠보리분·팔성도지 등의 무량한 묘법으로 저 국토의 중생들이 이 소리를 듣고 나서, 각자 부처님을 생각하고, 불법을 생각하고, 승가를 생각하여 무량한 공덕이 그 몸에 배이도록 닦느니라.

사리자여! 그대는 어떻게 생각하는가? 저 국토의 여러 새들이 어찌 어찌 축생의 악취에 속할 것인가? 이런 견해를 짓지 말라. 왜 그러한가? 저 불국정토에는 삼악도가 없나니, 삼악취라는 이름도 있다고 듣지 못했거늘, 하물며 실제로 죄업으로 불러들여진 축생이 있겠는가? 여러 새들은 모두 다 무량수불께서 그로 하여금 무량한 법음을 선양하여, 모든 유정에게 이익과 안락을 주시고자 변화로써 지은 것임을 마땅히 알라.

사리자여! 저 불국토에는 이와 같은 등 갖가지로 미묘하고 아름답게 장식한 공덕장엄이 있어 매우 좋아하고 즐거워할 수 있나니, 이런 까닭에 극락세계라 이름하느니라.

또 사리자여! 극락세계 청정불토에는 항상 미묘한 바람이 불어와 보배나무와 보배그물을 흔들 때 미묘한 소리가 나니, 비유컨대 백천 구지의 천상음악이 동시에 함께 연주되듯이 미묘한 소리가 울려 퍼져서 매우 좋아하며 감상하느니라. 이와 같이 저 국토에는 항상 미묘한 바람이 여러 보배나무와 보배그물에 불어와 갖가지 미묘한 소리를 내며 갖가지 법을 설하니, 저 국토의 중생들은 이 소리를 듣고 나서 부처님 · 불법 · 승가를 생각하고, 정념 · 작의 등의 무량한 공덕이 일어나느니라.

사리자여! 저 불국토에는 이와 같은 등 갖가지로 미묘하고 아름답게 장식한 공덕장엄이 있어 매우 좋아하고 즐거워할 수 있나니, 이런 까닭에 극락세계라 이름하느니라.

또 사리자여! 극락세계 청정불토에는 이와 같은 등 무량무변의 불가사의하고 매우 희유한 일들이 있으니, 가령 백천 구지 나유타 겁을 지나면서 그 무량한 백천 구지 나유타의 혀로써 하나하나의 혀 위에 무량한 소리를 내어서 그 공덕을 찬탄한다 하여도 역시 다하지 못하니, 이런 까닭에 극락세계라 이름하느니라.

또 사리자여! 극락세계 청정불토에는, 저 부처님께서는 무슨 인연으로 무량수라고 부르는가? 사리자여! 저 여래와 모든 유정들의 수명이 무량무수 대겁이기 때문이니, 이런 인연으로 저 국토, 여래의 명호를 무량수라고 하느니라.

사리자여! 무량수불께서 아뇩다라삼먁삼보리를 증득한지 이미 십 대겁이 지났느니라.

사리자여! 저 부처님께서는 무슨 인연으로 무량광이라고 부르는가? 사리자여! 저 여래께서는 항상 무량무변의 미묘한 광명을 놓아서 일체 시방세계 불국토를 두루 비추시며, 걸림 없이 불사를 베풀어 주시기 때문이니, 이런 인연으로 저 국토, 여래의 명호를 무량광이라 하느니라.

사리자여! 저 부처님의 정토는 이와 같은 공덕장엄을 성취하여 매우 좋아하고 즐거워할 수 있나니, 이런 까닭에 극락세계라 이름하느니라.

또 사리자여! 극락세계 청정불토에는 무량수불께 항상 무량한 성문제자들이 있나니, 그들은 모두 대아라한들로 갖가지 미묘한 공덕을 구족하고 있으며, 그 양은 끝이 없어 숫자로 헤아릴 수 없느니라. 사리자여! 저 부처님의 정토는 이와 같은 공덕장엄을 성취하여 매우 좋아하고 즐거워할 수 있나니, 이런 까닭에 극락세계라 이름하느니라.

또 사리자여! 극락세계 청정불토에는 무량수불께 항상 무량한 보살제자들이 있나니, 모두 일생소계의 보살들로 갖가지 미묘한 공덕을 구족하고 있으며, 그 양은 끝이 없어 숫자로 헤아릴 수 없어, 설령 무량겁 동안에 그 공덕을 찬탄한다 해도 끝내 다할 수 없느니라.

사리자여! 저 부처님의 정토는 이와 같은 공덕장엄을 성취하여 매우 좋아하고 즐거워할 수 있나니, 이런 까닭에 극락세계라 이름하느니라.

또 사리자여! 만약 모든 유정들이 저 국토에 태어난다면 그들은 모두 물러나지 않을 것이고, 반드시 다시는 모든 험한 악취와 변지·하천민·멸려차 중에 떨어지지 않을 것이며, 항상 모든 부처님의 청정국토를 다니면서, 수승한 행원을 생각생각 증진하여 결정코 아뇩다라삼먁삼보리를 증득할 것이니라.

사리자여! 저 불국토에는 이와 같은 공덕장엄을 성취하여 매우 좋아하고 즐거워할 수 있나니, 이런 까닭에 극락세계라 이름하느니라.

또 사리자여! 만약 유정들이 저 서방극락 무량수불의 청정불토가 무량공덕으로 장엄하고 있음을 듣는다면 모두 저 불국토에 태어나길 발원해야 하나니, 왜 그러한가? 만약 저 국토에 태어난다면 이와 같이 무량공덕으로 장엄한 대사들과 함께 한곳에 모여, 이와 같이 무량공덕으로 장엄한 청정불토의 대승법락을 누리고, 항상 물러나지 않으며, 무량한 행원을 생각생각 증진하여, 속히 무상정등보리를 증득하게 될 것이기 때문이니라.

사리자여! 저 불국토에 태어나는 모든 유정들은 무량무변의 공덕을 성취하나니, 적은 선근의 유정 부류들은 무량수불의 극락세계 청정불토에 왕생하게 되는 것은 아니니라.

또 사리자여! 만약 어떤 청정한 믿음을 지닌 선남자나 선여인들이 무량수불의 무량무변하고 불가사의한 공덕 명호와 극락세계의 공덕 장엄을 듣고,

듣고 나서 사유하여 만약 하루 밤낮이나 혹 이틀이나 사흘이나 나흘이나 닷새나 엿새나 이레 동안 생각을 매어두고 산란하지 않는다면 이 선남자나 선여인이 목숨이 다하려 할 때, 무량수불께서 그 무량한 성문제자들·보살 성중과 함께 앞뒤로 둘러싸고 그의 앞에 와서 머물러 계시며 자비로 도우셔서 마음을 산란하지 않게 하시나니, 이미 목숨을 마치고 나서는 부처님과 회중을 따라 무량수불의 극락세계 청정불토에 태어날 것이니라.

또 사리자여! 내가 이와 같이 이익과 안락을 지닌 일대사인연을 관찰하고, 참되고 성실한 말씀을 하시는 것이니, 만약 청정한 믿음을 지닌 선남자나 선여인들이 이와 같은 무량수불의 불가사의한 공덕 명호와 극락세계 청정불토를 듣는 이는 누구나 다 믿고 받아들여서 발원할지니, 말한 대로 수행하면 저 불국토에 태어날 것이니라.

또 사리자여! 내가 지금 무량수불의 무량무변하고 불가사의한 불국토 공덕을 칭양하고 찬탄하는 것처럼 이와 같이 동방에도 역시 현재 부동여래·산당여래·대산여래·산광여래·묘당여래 등 이와 같은 항하의 모래 알 만큼이나 많은 부처님께서 동방에 머물러 계시며, 자신의 불국정토에서 각각 광장설상을 내미시어 삼천대천세계를 두루 덮고 주위를 둘러싸고서, 참되고 성실한 말씀으로 이르시길, "너희 유정들은 모두 이와 같이 불가사의한 불국토 공덕을 칭찬하신 모든 부처님께서 섭수하시는 법문을 믿고 받아들여라" 하시니라.

또 사리자여! 이와 같이 남방에도 역시 현재 일월광여래·명칭광여래·대광온여래·미로광여래·무변정진여래 등 항하의 모래 알 만큼이나 많은 부처님께서 남방에 머물러 계시며, 자신의 불국정토에서 각각 광장설상을 내미시어 삼천대천세계를 두루 덮고 주위를 둘러싸고서, 참되고 성실한 말씀으로 이르시길, "너희 유정들은 모두 이와 같이 불가사의한 불국토 공덕을 칭찬하신 모든 부처님께서 섭수하시는 법문을 믿고 받아들여라" 하시니라.

또 사리자여! 이와 같이 서방에도 역시 현재 무량수여래·무량광여래·무량당여래·대자재여래·대광여래·광염여래·대보당여래·방광여래 등 항하의 모래 알 만큼이나 많은 부처님께서 서방에 머물러 계시며, 자신의 불국정토에서 각각 광장설상을 내미시어 삼천대천세계를 두루 덮고 주위를 둘러싸고서, 참되고 성실한 말씀으로 이르시길, "너희 유정들은 모두 이와 같이 불가사의한 불국토 공덕을 칭찬하신 모든 부처님께서 섭수하시는 법문을 믿고 받아들여라" 하시니라.

또 사리자여! 이와 같이 북방에도 역시 현재 무량광엄통달각혜여래·무량천고진대묘음여래·대온여래·광망여래·사라제왕여래 등 항하의 모래 알 만큼이나 많은 부처님께서 북방에 머물러 계시며, 자신의 불국정토에서 각각 광장설상을 내미시어 삼천대천세계를 두루 덮고 주위를 둘러싸고서, 참되고 성실한 말씀으로 이르시길, "너희 유정들은 모두 이와 같이 불가사의한 불국토 공덕을 칭찬하신 모든 부처님께서 섭수하시는 법문을 믿고 받아들여라" 하시니라.

또 사리자여! 이와 같이 하방에도 역시 현재 시현일체묘법정리상방화왕승덕광명여래 · 사자여래 · 명칭여래 · 예광여래 · 정법여래 · 묘법여래 · 법당여래 · 공덕우여래 · 공덕호여래 등 항하의 모래 알 만큼이나 많은 부처님께서 하방에 머물러 계시며, 자신의 불국정토에서 각각 광장설상을 내미시어 삼천대천세계를 두루 덮고 주위를 둘러싸고서, 참되고 성실한 말씀으로 이르시길, "너희 유정들은 모두 이와 같이 불가사의한 불국토 공덕을 칭찬하신 모든 부처님께서 섭수하시는 법문을 믿고 받아들여라" 하시니라.

또 사리자여! 이와 같이 상방에도 역시 현재 범음여래 · 숙왕여래 · 향광여래 · 여홍련화승덕여래 · 시현일체의리여래 등 항하의 모래 알 만큼이나 많은 부처님께서 상방에 머물러 계시며, 자신의 불국정토에서 각각 광장설상을 내미시어 삼천대천세계를 두루 덮고 주위를 둘러싸고서, 참되고 성실한 말씀으로 이르시길, "너희 유정들은 모두 이와 같이 불가사의한 불국토 공덕을 칭찬하신 모든 부처님께서 섭수하시는 법문을 믿고 받아들여라" 하시니라.

또 사리자여! 이와 같이 동남방에도 역시 현재 최상광대운뢰음왕여래 등 항하의 모래 알 만큼이나 많은 부처님께서 동남방에 머물러 계시며, 자신의 불국정토에서 각각 광장설상을 내미시어 삼천대천세계를 두루 덮고 주위를 둘러싸고서, 참되고 성실한 말씀으로 이르시길, "너희 유정들은 모두 이와 같이 불가사의한 불국토 공덕을 칭찬하신 모든 부처님께서 섭수하시는 법문을 믿고 받아들여라" 하시니라.

또 사리자여! 이와 같이 서남방에도 역시 현재 최상일광명칭공덕여래 등 항하의 모래 알 만큼이나 많은 부처님께서 서남방에 머물러 계시며, 자신의 불국정토에서 각각 광장설상을 내미시어 삼천대천세계를 두루 덮고 주위를 둘러싸고서, 참되고 성실한 말씀으로 이르시길, "너희 유정들은 모두 이와 같이 불가사의한 불국토 공덕을 칭찬하신 모든 부처님께서 섭수하시는 법문을 믿고 받아들여라" 하시니라.

또 사리자여! 이와 같이 서북방에도 역시 현재 무량공덕화왕광명여래 등 항하의 모래 알 만큼이나 많은 부처님께서 서북방에 머물러 계시며, 자신의 불국정토에서 각각 광장설상을 내미시어 삼천대천세계를 두루 덮고 주위를 둘러싸고서, 참되고 성실한 말씀으로 이르시길, "너희 유정들은 모두 이와 같이 불가사의한 불국토 공덕을 칭찬하신 모든 부처님께서 섭수하시는 법문을 믿고 받아들여라" 하시니라.

또 사리자여! 이와 같이 동북방에도 역시 현재 무수백천구지광혜여래 등 항하의 모래 알 만큼이나 많은 부처님께서 동북방에 머물러 계시며, 자신의 불국정토에서 각각 광장설상을 내미시어 삼천대천세계를 두루 덮고 주위를 둘러싸고서, 참되고 성실한 말씀으로 이르시길, "너희 유정들은 모두 이와 같이 불가사의한 불국토 공덕을 칭찬하신 모든 부처님께서 섭수하시는 법문을 믿고 받아들여라" 하시니라.

또, 사리자여! 무슨 인연으로 이 경의 제목을 「칭찬불가사의불국토공덕 · 일체제불소호념경」이라 이름하는가?

사리자여! 이 경에서 무량수불 극락세계의 불가사의한 불국토 공덕과 시방세계 제불세존께서 방편으로 모든 유정에게 이익과 안락을 주시고자 하는 까닭에 각각 본토에 머물러 계시면서 대신변을 나타내시어 참되고 성실한 말씀으로 모든 유정들에게 이 법을 믿고 받아들이라고 권유하신다. 그러므로 이 경의 이름을 「칭찬불가사의불국토공덕 · 일체제불섭수법문」이라고 하느니라.

또 사리자여! 만약 선남자나 선여인이 이미 들었거나 장차 들을 것이거나 지금 들었다면, 듣고 나서 깊이 믿고 이해하며, 믿고 이해하고 나서는 반드시 이와 같이 시방세계에 머물러 계신 십 항하의 모래알 수만큼 많은 제불세존께서 섭수하실 것이라 여기고, 말씀하신 대로 행한다면 모두 결정코 아뇩다라삼먁삼보리에서 물러나지 않을 것이며, 모두 결정코 무량수불의 청정불토에 태어나게 될 것이니라.

그러므로 사리자여! 너희 유정들은 모두 나와 시방세계에 계신 불세존의 말씀을 믿고 받아들이고 이해하여, 부지런히 정진하고 말씀하신 대로 수행하되, 의심하고 염려하지 말라.

또 사리자여! 만약 선남자나 선여인이 무량수불 극락세계 청정불토의 공덕장엄에 대해 이미 발원하였거나 장차 발원할 것이거나 지금 발원하여 반드시 이와 같이 시방세계에 머물러 계신 십 항하의 모래알 수만큼 많은 제불세존께서 섭수하실 것이라고 여기고, 말씀하신 대로 수행하는 사람은 누구나 결정코 아뇩다라삼먁삼보리에서 물러나지 않고, 누구나 결정코 무량수불의 청정불토에 태어날 것이니라.

그러므로 사리자여! 만약 어떤 청정한 믿음이 있는 선남자나 선여인들은 누구나 다 무량수불의 극락세계 청정불토에 대해 깊이 마음으로 믿고 이해하고서 왕생을 발원하고 방일하게 행하지 말라.

또 사리자여! 내가 지금 무량수불 극락세계의 불가사의한 불국토 공덕을 칭양 찬탄하는 것처럼 저 시방세계 제불세존께서도 역시 나의 불가사의한 무변공덕을 칭찬하시며, 모두 말씀하시길, "매우 기이하고 희유하도다! 석가적정 석가법왕여래 · 응공 · 등정각 · 명행원만 · 선서 · 세간해 · 무상장부 · 조어사 · 천인사 · 불세존께서 마침내 능히 이 감인세계에서 오탁이 번성한 때에 이른바 겁탁 · 제유정탁 · 제번뇌탁 · 견탁 · 명탁 가운데 아뇩다라삼먁삼보리를 증득하시고, 모든 유정에게 방편으로 이익과 안락을 주시고자 세간에서 지극히 믿기 어려운 이 법을 설하셨느니라."

그러므로 사리자여! 내가 지금 이 더러움이 섞인 감인세계에서 오탁이 번성한 때에 아뇩다라삼먁삼보리를 증득하고 방편으로 모든 유정들에게 이익과 안락을 주고자 세간에서 지극히 믿기 어려운 이 법을 설하였으니, 이는 매우 희유하고 불가사의함을 알라.

또 사리자여! 이 더러움이 섞인 감인세계에서 오탁이 번성한 때에 만약 어떤 청정한 믿음이 있는 선남자나 선여인들이 이와 같이 일체 세간이 지극히 믿기 어려운 법을 설하심을 듣고서 능히 믿고 이해하고·수지하고·널리 설법하며·가르침대로 수행할 수 있다면 이런 사람은 매우 희유하고, 무량한 부처님 처소에서 일찍이 선근을 심었음을 알아야 하느니라. 이 사람은 목숨을 마칠 때 결정코 서방 극락세계에 태어나서 갖가지 공덕으로 장엄한 청정불토의 대승법락을 누리고, 밤낮으로 여섯때에 무량수불을 가까이 모시고 공양하며, 시방세계를 두루 다니면서 모든 부처님께 공양하고, 모든 부처님 처소에서 법을 듣고 수기를 받아, 복덕과 지혜 자량이 원만해지고 속히 무상정등보리를 증득할 것이니라.

그때 세존께서 이 경을 말씀하시자, 존자 사리자 등의 모든 대성문들과 모든 보살마하살 성중과 무량한 천·인·아수라 등과 모든 대중들이 부처님께서 하신 말씀을 듣고 모두 크게 환희하며 신수봉행하였느니라.

들어가는 말

『칭찬정토불섭수경稱讚淨土佛攝受經』은 곧 당역唐譯『아미타경』이다. 이 경은 중국에 전해져서 2차례 번역되었다. 1차로 요진姚秦 삼장법사三藏法師 구마라즙鳩摩羅什 대사께서 번역하신 경전으로 이 책이 나온 후 집집마다 이 경을 알게 되었고, 보편적으로 유통되었다. 여러분들이 평상시 독송하는 경전은 바로 이 역본이다. 수백 년 후 당나라唐朝의 현장법사께서 범어 경본에 근거하여 새롭게 번역하였다. 이 역본은 천년의 세월이 흘렀어도 듣고 독송하는 이가 매우 적다.

우리들은 왜 현장법사의 역본을 풀이하려는 것인가? 살펴보건대, 두 역본은 각각 천년이라는 긴 세월이 가로놓여 있지만, 진역본은 간단하여 유창하고, 당역본은 구체적이고 충실하다. 당역본을 학습하면 매우 세세한 부분의 내용까지 이해할 수 있다. 그리고 학습한 후에 진역본의 요의를 더욱더 잘 파악할 수 있어, 평상시 진역본을 독송 수지하는데 직접적으로 도움이 될 것이다.

이를 위해 나는 먼저 대다수 사람들이 이해하기 쉽도록 가능한 한 알기 쉽게 경문을 한 글자 한 글자, 한 문구 한 문구 해석하였다.

나중에 본경에 대해 더욱 더 깊이 강해할 기회가 있을 것이다. 또한 중간 중간 적당한 곳에 정토법문으로 인도하는 글을 넣어서 여러분들이 왕생의 근본인 믿음과 발원의 마음을 이끌어낼 수 있도록 도울 것이다.

먼저 경의 제목에 대해 풀이해보자. 석가모니 부처님께서 아미타불 극락정토의 불가사의한 공덕장엄을 칭양 찬탄하고, 시방세계 제불께서 방편으로써 안락본토安樂本土의 유정들을 이롭게 하시고자 각자 자신의 국토에서 모든 유정들이 이 법문을 믿고 수지할 것을 권하신 이러한 인연으로 말미암아 신해信解를 일으킨 사람은 결정코 아미타불의 가피加被1)를 입고 시방세계 제불의 섭수(攝受: 거두어들임)를 받음으로써 아무런 걸림 없이 극락정토에 왕생하게 될 것이다. 경전 속에 담긴 이러한 뜻을 주제로 삼았기에 이 경전을 『칭찬정토불섭수경』이라고 한다.

---

1) 가피加被란 제불여래께서 자비심으로 중생을 가호하는 것을 말한다.

칭찬정토불섭수경

稱贊淨土佛攝受經

대당大唐 삼장법사三藏法師 현장玄奘
황제의 칙명을 받들어 번역함

제1품 법회에 참석한 성중[法會聖衆第一]

1-1

이와 같이 나는 들었다. 한 때 석가모니 부처님께서 실라벌성의 서다림 급고독원에서 대비구 무리 1,250인과 함께 계셨으니, 그들은 모두 덕행이 높은 성문들로서 대중들로부터 신망을 받고 인정받는 대 아라한으로 그 이름은 존자 사리자·마하목건련·마하가섭·아니율타 등 이와 같은 대성문들이었고, 상수가 되었다.

　　如是我聞: 一時, 薄伽梵在室羅筏住誓多林給孤獨園, 與大苾芻衆千二百五十人俱, 一切皆是尊宿聲聞衆望所識大阿羅漢, 其名曰: 尊者舍利子・摩訶目犍連・摩訶迦葉・阿泥律陀, 如是等諸大聲聞而爲上首.

[강기講記]

경전에서 말한 내용이 진실하여 의지할 수 있음을 증명하기 위해 불경은 통상적으로 여섯 가지 성취를 드러낸다. "이와 같이"는 믿음을 성취함이요, "한 때"는 들음의 성취이요, "석가모니 부처님(薄伽梵)"은 설법자를 성취함이요, "실라벌성(사위성), 서다림 급고독원"은 설법장소를 성취함이요, "대비구(苾芻) 무리 등"은 참석한 대중들을 성취함이다. (그 중에는 성문비구의 따르는 무리와 무량한 보살 성중 및 천룡팔부・인비인人非人 등 대중들이 포함되어 있다)

경전을 결집結集한 사람인 아난은 이렇게 말하였다.
"나는 부처님께서 친히 말씀하시는 것을 들었다. 한 때 세존께서 실라벌성室羅筏城 서다림誓多林 급고독원給孤獨園에 계셨는데, 그때 성문제자 1,250명의 따르는 이들이 있었다. 그들은 모두 덕행이 높은 장로들로 사람들로부터 인정받은 성자 대아라한이었다. 그 가운데는 존자 사리자, 존자 대목건련, 존자 대가섭, 아니율타 등 모든 대성문들이 있었고, 그들이 성문 무리의 상수가 되었다."

1-2

또한 무량한 보살마하살들이 함께 하셨는데, 그들은 모두 불퇴전의 자리에 머물러 계시며, 무량한 공덕으로 장엄하신 분들로 그 이름은 묘길상보살·무능승보살·상정진보살·불휴식보살 등 이와 같은 대보살마하살들이었고, 상수가 되었다.

> 複與無量菩薩摩訶薩俱, 一切皆住不退轉位, 無量功德衆所莊嚴, 其名曰: 妙吉祥菩薩·無能勝菩薩·常精進菩薩·不休息菩薩, 如是等諸大菩薩而爲上首.

[강기]

그리고 무량무수의 대보살 성중이 있었는데, 이들은 대보살들로 모두 다 무량한 공덕장엄의 마음으로 불퇴전의 자리에 안온히 머물러 계셨다. 그 가운데 문수(묘길상) 보살·미륵(무능승) 보살·불휴식 보살 등 모든 대보살들이 보살 성중의 상수上首가 되었다.

여기서 말한 보살대중의 상수로부터 정토법문이 지극히 깊고 불가사의 함을 알아차릴 수 있다. 그것은 단지 박지범부薄地凡夫, 성문연각聲聞緣覺, 내지 지전보살(地前菩薩: 초지 이전의 보살)이 닦는 법일 뿐만 아니라 문수·미륵 등 등각위等覺位의 모든 대보살들을 포함해서 모두 다 이 법을 받아들인 사람이다.

실제로 정토법문은 부처님의 과지果地에서 행하는 경계로 여래법신의 지혜·대비원력으로부터 흘러나온 것이다. 그래서 오직 큰 지혜가 있는 자만이 진실로 믿음으로 받아들이고 재촉하여 들어갈 수 있다. 이 때문에 문수보살을 상수로 삼았다. 그리고 정토법문은 석가모니 부처님께서 설하신 불법 중에서 중생을 인도하여 진실한 이익을 얻게 하는 대법大法이다. 그래서 보처보살인 미륵보살에게 부촉하여 미래세계 용화삼회龍華三會의 중생들을 제도·해탈(度脫)하는 기간에도 아미타불의 정토법문을 힘껏 널리 전할 것이다. 또한 이 법문은 항상 정진하여 쉬지 않아야 장엄정토를 성취할 수 있기 때문에 정진보살과 불휴식보살을 언급한 것이다.

이렇게 이 법회에 참가한 성문·아라한 및 모든 대보살들은 모두 다 각자 수승한 공덕을 갖추고 있다. 이미 그들이 모두 본법의 수지자가 된 이상 구법계九法界의 어떤 부류에 속한 유정이든지 최종적으로 모두 정토를 귀의처로 삼아야 한다. 바꾸어 말하면, 일체 수행의 최종결과는 바로 일진법계一眞法界로 돌아가서 상적광정토常寂光淨土를 증득해 들어가는 것이다. 서방극락세계에 왕생하는 것은 법성法性을 철저히 증득하는 구경방편이자 모든 선善이 일진법계로 돌아가는 법문이다.

1-3

또 제석천왕·감인세계 주인인 대범천왕·세상을 보호하는 사천왕, 이와 같은 이들을 상수로 한 백천 구지 나유타 수의 모든 천자 무리들과 그 밖에 세간의 무량한 천·인·아수라 등이 법을 듣기 위해 법회에 함께 와서 앉았다.

> 複有帝釋·大梵天王堪忍界主·護世四王, 如是上首百千俱胝那庾多數諸天子衆, 及余世間無量天·人·阿素洛等, 爲聞法故, 俱來會坐.

[강기]

바로 그때 법회에 참가한 대중에는 남섬부주(南贍部洲; 사바세계)의 인류가 볼 수 있는 중생들뿐만 아니라 우리들 범부가 볼 수 없는 천신 등 대중들도 포함되어 있었다.

그 중에 욕계 33천의 제석천왕, 사바세계의 주인인 대범천왕도 있고, 사천하(四天下)를 호지(護持)하는 사대천왕도 있으며, 그들은 모두 천신 무리의 상수가 되어 백천 구지 나유타 수의 수많은 모든 천자 무리들을 데리고 와서 법을 들었다. 그리고 그 밖의 세계에 있는 무수한 천·인·아수라 등 대중들이 법을 듣기 위해서 모두 다 법회에 와서 안온히 앉았다.

제2품 부처님께서 극락을 말씀하시다 [佛說極樂第二]

2-1

이때 세존께서 사리자에게 말씀하시길, 그대는 지금 알고 있느냐? 이곳에서 서방으로 저 세계까지 백천 구지 나유타 수의 불국토를 지나가면 극락이라 이름하는 부처님 세계가 있느니라. 그곳의 세존께서는 명호가 무량수·무량광이시고, 여래·응공·정등각의 십호가 원만하시며, 지금 그곳에서 안온히 주지하시면서 모든 유정들을 위해 매우 깊은 묘법을 잘 설하시어, 그들로 하여금 수승한 이익과 안락을 얻게 하시니라.

爾時, 世尊告舍利子:"汝今知不? 於是西方, 去此世界過百千俱胝那庾多佛土, 有佛世界名曰極樂. 其中世尊名無量壽及無量光, 如來·應·正等覺十號圓滿, 今現在彼安隱住持, 爲諸有情宣說甚深微妙之法, 令得殊勝利益安樂."

[강기]

"안온히 주지하신다(安隱住持)"란 대단히 안정된 상황을 가리킨다. 아미타 부처님의 수명은 매우 길어서 무량겁의 오랜 세월동안 계속 극락세계에 안온히 머물러 계시므로 우리들은 극락세계에 왕생한 후에 영원히 아미타 부처님께 의지할 수 있다. 게다가 아미타 부처님께서는 유정들을 위해 매우 깊은 묘법을 잘 설하신다. 아미타 부처님께서 끊임없이 설법하시므로 우리들은 극락세계에 태어나기만 하면 언제든지 갖가지 매우 깊고 미묘한 법의法義를 들을 수 있다. 아미타 부처님께서는 우리들을 위해 여래장如來藏을 일깨워 무상정등정각을 성취하는데 강력한 조연助緣이 되어주신다. 왕생하는 자는 이 때문에 견줄 수 없을 만큼 수승한 이익과 안락을 얻을 것이다.

여기서 "수승한 이익과 안락을 얻게 한다"란 주로 물러나지 않은 이익을 획득함을 가리킨다. 이 말은 어떠한 사람이든지 한번 극락정토에 태어나면 이로부터 영원히 물러나지 않고, 더 이상 "나"와 "나의 것"이라는 생각이 일어나서 그것에 집착하지 않을 것이고, 조금의 번뇌도 일어나지 않을 것이며, 생사유전의 자리에 물러나지 않고 이승도二乘道로 물러나지 않을 것이며, 또한 최종적으로 생각생각마다 일체 지혜바다에 흘러들어가서 이로 말미암아 신속히 자타이리自他二利에 원만하게 도달할 것이라는 뜻이다.

그래서 우리뿐만이 아니라 이미 개오開悟한 사람들도 극락세계에 왕생하길 매우 희구한다. 한편으로는 처음 개오한 사람은 마치 갓 태어난 아이처럼 비록 본래의 성품(本性)을 인식할 지라도 힘이 부족하여서 거스르는 연을 만날 때 물러날 수 있으니, 즉 이른바 "깨친 후 미혹(悟後迷)"한 상황이 출현할 수 있다. 다른 한편으로는 비록 자성을 깨달았을지라도 단지 자신의 힘에 의지하면 장애를 끊고 덕을 증득하는 속도가 비교적 느릴 것이다. 이때 만약 직접 과위果位의 부처님께 의지할 수 있다면 신속히 불과佛果를 성취할 수 있을 것이다. 바로 아미타 부처님의 원력 가피에 의지하여 개오한 사람들은 한번 극락세계에 왕생하여 곧바로 초지初地 보살에 오를 수 있어(등지登地 보살이 되어) 신속히 성불할 수 있다. 그래서 아미타불 본원 바다의 가피를 얻기 위해서 개오를 성취한 조사대덕들도 극락세계에 왕생하길 매우 희구하신다.

게다가 일체 범부와 성인이 아미타 부처님의 강대한 가지加持[2]의 힘을 왕생한 후 사용할 수 있음으로 말미암아 문득 본래 성품을 일깨우고, 신통이 나타나며, 업장을 소멸하고, 보현행원 등등을 원만히 이룰 수 있다. 이러한 까닭에 보현보살도 화엄해회華嚴海會의 대중들을 데리고 함께 같이 극락세계에 왕생한다.

2-2

또 사리자여, 어떤 인과 어떤 연으로 저 부처님의 세계를 극락이라고 하는가? 사리자여, 저 세계에 있는 모든 유정들은 몸과 마음에 어떠한

---

[2] "가지加持"란 부처와 중생이 상호에게 들어가고 피차어 거두어 지닌다는 것으로 진언의 염송을 통해 부처와 중생이 상응하여 합일된다는 뜻이다.

근심과 고통도 전혀 없고, 오직 무량 청정한 기쁨과 즐거움만 있나니, 이런 까닭에 극락세계라 이름하느니라.

"又, 舍利子! 何因何緣, 彼佛世界名爲極樂? 舍利子! 由彼界中諸有情類, 無有一切身心憂苦, 唯有無量淸淨喜樂, 是故名爲極樂世界."

[강기]

우리는 대다수 명칭은 모두 사실에 의지해야 제자리에 선다는 것을 알고 있다. 무량무수의 세계에서 아미타 부처님의 세계는 「극락」이라고 부르는데, 이는 반드시 특수한 뜻이 담겨 있어야 한다.

삼계는 편안하지 않고, 온갖 괴로움으로 가득하다

이 문제를 보다 잘 이해하기 위해서는 먼저 사바세계의 중생들은 몸과 마음에 온갖 근심과 고통을 지니고 있음을 알아야 한다. 몸과 마음에 생노병사로 인한 고고苦苦·무상으로 인한 괴고壞苦·집착으로 인한 행고行苦로부터 핍박을 받고 있어 자재하지 못하다.

중생들의 느낌에는 괴로운 느낌(苦受), 즐거운 느낌(樂受), 괴롭지도 즐겁지도 않은 느낌(舍受)의 세 가지가 있을 뿐이다. 괴로운 느낌을 받는 경우 몸과 마음은 직접 핍박을 받는다. 예컨대 몸에서 병이 나거나, 다치거나, 굶주리며, 춥고 더운 등의 고통을 느낄 때 참아내기가 어렵다. 혹은 마음속으로 애가 탄다, 우울하다, 분하다 등의 정서 및 온갖 번뇌가 생길 때 마음은 너무나 괴롭다. 이런 일체의 고통이 지금 막 생겨날 때 몸과 마음을 핍박하는 갖가지 느낌을 '고고苦苦'라 한다.

즐거운 느낌이 드는 경우 우리는 기쁘고 좋아하는데, 이것을 쾌락이라 한다. 예컨대 어떤 사람이 기쁘고 좋아하는 경계를 만나거나, 갖가지 마음을 즐겁게 하는 다섯 가지 욕망 등등을 누릴 때 몸과 마음에 기쁘고 즐거운 느낌이 생기는 것을 볼 수 있다. 이들 마음을 즐겁게 하는 경계는 모두 인연으로 생겨난 존재(因緣所生法)로 모두 무상성無常性을 지니므로 끝내는 사라지고 만다. 그것들이 사라질 때 마음속에 자리잡은 탐착이 만족에 이르지 못하게 되고, 이로 인해 이전에 느꼈던 안락함이 마음을 핍박하는 원인이 될 것이다. 이때 마음은 매우 고통스럽고 참아내기 어렵다.

비유컨대 당신이 현재 크나 큰 영예를 얻어 마음이 매우 흥분된 상태라면 이 같은 즐거운 느낌에 매우 집착할 것이다. 한번 이 같은 영예를 잃어버린 후 명예의 후광이 다른 사람의 머리 위에 드리우고 나의 상황이 깜깜해질 때 당신의 마음은 이런 상황을 받아들일 수 없어 엄청난 근심과 고통에 사로잡히고, 심지어 밖으로 나가 아무도 만나 볼 수 없게 된다. 이 세상의 모든 원만·쾌락은 최종적으로 반드시 사라지고, 아무것도 남지 않게 되며, 이때 결정코 그것이 매우 고통스럽다는 것을 알아야 한다.

괴롭지도 즐겁지도 않을 때 중생들의 마음속 아뢰야식의 밭(識田)에는 번뇌의 종자와 괴로움의 종자가 가득 차 있어 오취온五取蘊은 계속하여 이전의 업과 번뇌의 힘이 운전하는 대로 따라갈 것이고, 매 순간 태어난 이래 생긴 번뇌와 고통의 종자가 뒤따를 것이다. 실제로 이 같은 괴롭지도 즐겁지도 않는 사수捨受는 단지 잠시 동안 괴고壞苦·고고苦苦의 괴로움의 상태가 나타나지 않았을 뿐이다. 그것에 상응하는 외연外緣을 만나기만 하면 즉시 번뇌와 갖가지 근심 고통을 이끌어낸다. 오취온이 완전히 자재하지 못하므로 오직 이전의 업과 번뇌의 세력을 따라 굴러서 일체의 사수捨受가 변천하며 흘러서 괴로움의 모습(苦相)이 되므로 '행고行苦'라고 한다.

비유컨대 어떤 암 환자가 암에 걸려서 엄청난 통증 때문에 침상에서 데굴데굴 구르면서 살아도 죽는 것만 못하다는 느낌이 든다. 이것이 바로 강렬한 '고고苦苦'의 현행現行3)이다. 만약 이때 충분한 양의 진통제와 마취제를 복용하여 그 고통을 완화시키면 그는 약간 편안해지는 느낌이 들 것이다. 이것이 바로 '괴고壞苦'이다. 이 같은 상태가 사라지면 곧 고통 속으로 떨어진다. 만약 암 통증이 발작하지 않고 괴롭지도 즐겁지도 않은 상태이면 이것은 '행고行苦'이다. 이 말은 단지 그는 암 환자이지만, 몸 안에 암세포는 여전히 존재하여 그의 몸은 끊임없이 온갖 고통을 느낀다는 뜻이다. 그래서

---

3) 현행現行은 종자가 아뢰야식 안에 저장이 되어 있으면서 새로운 훈습에 의해서 순간순간 변하기도 하면서 때가 되면 떠올라서 그에 상응하는 결과를 불러오는 것을 말한다.

암세포를 가진 몸을 괴로움의 인(苦因)이라 하는데, 이것은 행고와 같다.

마찬가지로 중생은 윤회하면서 끊임없이 떠돌고 있으니, 매 순간 모두 다 행고이다. 왜냐하면 중생은 매 순간 무량한 번뇌의 종자·괴로움의 종자가 든 짐 보따리를 지고 있고, 그것을 내려놓지 못하고 있기 때문이다. 설사 무색계천無色界天에 태어나 선정의 경계에서 만억년 세월 동안 안온히 머물러 있어도 행고를 벗어날 수 없는데, 이는 암 환자가 오랜 시간 수면에 든 것과 같다. 그는 상속하는 중에 부동업不動業의 세력이 다 사라지게 되면 곧 선정에서 나오고, 이때 번뇌의 종자·괴로움의 종자가 인연을 만나서, 또 현행現行이 일어나게 된다.

『열반경涅槃經』4)에 따르면, 이름이 울두람불鬱頭藍弗이라고 하는 천인天人이 과거 욕계신欲界身으로 비상비비상정非想非非想定을 수행하던 때였다. 강가의 숲 아래 좌선을 하고 있었는데, 부근에 있던 물고기와 새들이 그를 놀라게 하였다. 그러자 마음에 분노가 일어나자, 그는 "나는 나중에 날아다니는 삵(飛狸)이 되어 물고기와 새들을 다 잡아먹겠다."고 명세하였다. 그 후 그는 수행을 하여 비상비비상정을 성취하였고, 선정 속에서 8만겁

---

4) 『열반경소涅槃經疏』에 이르길, "그대 스승인 욱두람불이 비상정非想定에 하늘을 나는 삵의 몸으로 물러났다. 왜 그런가? 이 외도는 욕계의 몸으로 비상정을 얻었는데 온갖 새들의 시끄러운 소리를 듣고 이에 하늘 나는 새가 되어 물고기와 새들을 잡아먹겠다고 서원하였다. 나중에 선정에서 물러나고서 드디어 이 몸을 받았다."

동안 머물렀다. 팔만 겁이 지난 후 선정에서 깨어나자, 이전 업의 세력이 이미 성숙되어 즉시 한 마리 날아다니는 삶이 되었고, 물고기와 새들을 끊임없이 걸신들린 듯 먹어대었다.

그래서 윤회에 빠진 중생들은 오취온에서 해탈하지 못하면 어느 곳에서 태어나든 간에 언제나 괴로움의 원인이 있는 상황에 놓이게 된다. 인간의 경우 태어나서 죽을 때까지 괴롭지 않은 때가 없다. 우리가 어머님의 태에 들어가 9개월 동안 태에 머물면서 계속해서 괴로움에 시달리다 태어나는 순간 울음을 터뜨리는데, 이로써 이 세계에서 바로 고통을 받아야 함을 알린다. 목숨을 따라 끊임없이 흘러가면서 온갖 병에 걸리는 괴로움, 사랑하는 사람과 이별하는 괴로움, 원수와 만나야 하는 괴로움 등등으로 늘 몸과 마음이 핍박을 받는다. 눈 깜짝할 사이에 몇 십 년이 지나가고 마침내 목숨을 마친다. 그리고 마음속에 있는 번뇌의 종자·괴로움의 종자를 조금도 제거하지 못하고, 오히려 더 늘어날 것이다. 몸뚱이를 벗어버리고 난 후 다시 다른 몸뚱이로 바꾸어 계속해서 고난과 윤회의 길을 걷게 된다. 이 기간에 잠시 경계를 만날지라도 흥분·열광·기쁨 등등을 느끼지만, 이것들도 진실한 안락이 아니다. 이렇게 앞뒤로 전체를 관찰해 보면 윤회는 순전히 괴로움의 자성이라는 것을 알 것이고, 조금도 진실로 안락을 얻지 못할 것이다.

근심과 고통은 전혀 없고, 순전히 기쁨과 즐거움만 있다

곳곳마다 어떠해야 '진실한 극락'인가? 방금 전에 말한 암 환자의 비유처럼 언제라도 치료를 통해서 그의 몸에 암세포가 그 뿌리부터 완전히 사라지면 그때부터 건강한 몸을 소유하고, 다시는 어떠한 고통도 일어나지 않아야 진실한 안락이라 할 수 있다. 이 말은 수행을 통해서 철저하게 괴로움의 원인을 모두 소멸시켜 유루有漏의 온蘊으로부터 해탈하고, 이제 다시는 번뇌·업·괴로움이 더 이상 발생하지 않아야 진실한 안락이라는 뜻이다.

일반적인 교리에 따르면 자력수행을 통해 세세생생 누겁에 걸쳐 축적한 복덕과 지혜의 두 가지 자량이 있어야 마침내 괴로움을 소멸시키고 열반에 도달한다. 그렇지만 이 오탁악세五濁惡世, 특히 말법시대 중생의 경우 많은 어려움을 겪는다. 아미타 부처님의 원력에 올라타서 극락세계에 한번 왕생하기만 하면 몸과 마음의 일체 근심과 고통을 철저히 해탈할 수 있다. 그 원인은 바로 "저 세계에 있는 모든 유정들은 몸과 마음에 어떠한 근심과 고통도 전혀 없기" 때문이다. 이 말은 그곳에서는 그 무엇도 근심과 고통의 인연을 이끌어내지 않으니, 곧 번뇌를 일으키지도 어떠한 유루업有漏業도 만들지도 않으며, 괴로움의 원인이 되지도 않는다. 따라서 몸과 마음으로부터 어떠한 생노병사, 사랑하는 사람과 헤어짐, 원수와 만남 등 괴로움의 모습(苦相)이 생기지 않는다.

구체적으로 말하자면, 극락세계는 팔고八苦를 멀리 여읜다. 즉 왕생한 자는 전부 연꽃에서 화생化生하기 때문에 육체의 형질이 없어서 태어나는 괴로움(生苦)이 없다. 게다가 육체에서 어떠한 줄어듬(衰損), 변질됨(變異)이 나타나지 않으므로 병에 걸리는 괴로움(病苦)이 없다. 아미타 부처님의 자비서원(悲願)·섭지(攝持; 거두어 지님)로 말미암아 극락국토의 천인은 전부 수명이 무량하여 늙는 괴로움(老苦), 죽는 괴로움(死苦)이 없다. 극락국토에 사는 이들은 모두 상선인上善人, 청정해중淸淨海衆이므로 원수와 만나는 괴로움(怨憎會苦)이 없다. 그들은 모두 불법을 통해 서로 교제하며 세속에 물든 정이 없으므로 사랑하는 사람과 이별하는 괴로움(愛別離苦)이 없다. 무릇 마음속으로 생각하는 것은 모두 뜻대로 나타날 수 있다. 모두가 저절로 눈앞에 나타나고 그것을 누리므로 구하지 못하는 괴로움(求不得苦)이 없다. 가장 중요한 것은 오취온에 의한 괴로움(五取蘊苦)이 없다.

우리는 사바세계에서 중생의 색·수·상·행·식의 오온五蘊은 괴로움을 만드는 기기機器이고, 끊임없이 괴로움을 만드는 그릇이라는 것을 알고 있다. 극락세계에 한번 태어나면 이들 유루의 오온은 전변轉變이 생긴다. 오근五根이 마주하는 경계는 모두 청정한 색법이다. 근과 경이 접촉할 때 오직 무루의 즐거움만이 생긴다. 또한 전도된 생각이 일어나지 않고, 오직 여리상如理想·청정상淸淨想만이 현기現起할 뿐이다. 게다가 청정한 법행法行을 이끌어내고 청정한 지혜가 나올 것이다. 그래서 왕생한 후 오온은 전부 끊임없이 공덕을 용현湧現하고, 불도를 원만히 증득(圓證)하는 도구가 된다.

한번 극락세계에 태어나서 아미타 부처님 대원의 위신력이 직접 당신의 마음속으로 들어오면 당신이 상속하고 있던 번뇌의 종자·괴로움의 종자가 더 이상 현행하지 않도록 할 것임을 알아야 한다. 바꾸어 말하면, 우리의 마음이 아미타 부처님 본원바다의 가지加持를 누린 후 전화轉化가 일어날 것이다. 그로부터 더 이상 '나'와 '나의 것'을 집착하고 고집하는 생각이 한 순간도 일어나지 않고, 더 이상 어떠한 번뇌도 현행하지 않을 것이며, 유루업을 짓지도 않을 것이다. 비록 마음속에 여전히 번뇌와 업의 종자가 끊어지지 않았을지라도 다만 근본적으로 '나'와 '나의 것'을 집착하여 고집하는 생각이 일어나지 않으므로 그것들은 나중에 현행하지 않을 것이다. 비록 종자가 있더라도 단지 물, 흙, 햇빛 등의 조연이 없으면 종자가 싹을 틔우지 않는 것과 같다. 이렇게 번뇌·업 등의 조연을 이끌어내지 않고서 어떻게 번뇌가 나타나고, 근심과 고통이 생기겠는가? 어떤 이는 극락세계에서는 일체 색을 보고, 소리를 듣는 등등이 모두 당신의 번뇌가 적멸되었기 때문에 당신의 몸과 마음을 안온하게 하여서 어떠한 윤회를 일으키는 잡염법雜染法도 생기지 않는다고 말한다.

그러므로 알아야 한다. 당신의 온蘊은 아미타 부처님 본원의 바다의 전화轉化를 거친 후 더 이상 괴로움의 원인이 아니고, 더 이상 괴로움의 의지처가 아니므로 "몸과 마음에 어떠한 근심과 고통도 전혀 없다." 또한 오직 즐거움의 원인이 되어서 끊임없이 상속하여 청정한 기쁨과 즐거움이 수없이 생기므로 곧 "오직 무량한 청정한 기쁨과 즐거움만 있다"고 한다.

극락세계에 태어난 후에는 항상 순전히 청정한 법의 기쁨과 즐거움만을 누린다. 『왕생론往生論』에서도 "불법의 맛을 좋아하고 즐기며, 선정 삼매에 드는 것을 식사로 삼는다(愛樂佛法味 , 禪三昧爲食)."라고 하였다. 이것은 극락세계의 성중이 끊임없이 법의 기쁨과 즐거움을 누리는 것은 음식으로 몸을 주지住持하고 장양(長養; 성장)시키듯이 성중은 광대한 불법의 기쁘고 즐거운 맛과 선정의 묘락妙樂으로 몸과 마음을 주지하고 선법을 장양시킨다는 말이다. 예컨대 정토의 부드러운 보배와 접촉할 때 오직 무루의 즐거움만이 생기고, 염애染愛의 쾌락은 멀리 여읜다. 아미타 부처님의 위신력으로 말미암아 가피를 받아 왕생한 자의 마음은 그래서 정토에 있는 만물과 접촉할 때 수승한 안락이 생기고 즐거움이 생기지만, 마음에는 염착染着이 없다.

법의 기쁨과 즐거움을 누리는 상황은 어떠한가? 『법화경法華經』에서는, 일월등명日月燈明佛께서 묘법을 널리 설법하실 때 법회 대중과 계속해서 편안히 앉아 법문을 들으면서 64겁이 지났지만, 마치 밥 한 끼를 먹는 짧은 시간처럼 느껴지고 몸과 마음에 피곤 등의 느낌이 나타나지 않는다고 한다. 이것은 바로 그것들 모두 매우 깊은 법에 대한 기쁨과 즐거움에서 비롯하기 때문이다.

이러한 측면에서 극락세계에 태어나면 실로 대단히 수승하다는 것을 알 수 있다! 오직 청정한 기쁨과 즐거움을 누릴 뿐이므로 이는 근본적으로 사유할 필요도, 언어로 가늠할 수도 없다. 게다가 당신이 극락세계에 태어날 때부터 곧바로 성불의 문에 이르고, 근심과 고통을 조금도 느끼지 않으며, 단지 법륜을 굴리면서 청정하고 물들지 않은 법에 대한 기쁨과 즐거움이 끊임없이 생겨난다. "이런 까닭에 극락세계라 한다." 이런 원인으로 아미타 부처님의 불국토를 극락세계라 한다.

이상으로 「극락」이란 두 글자에 담긴 뜻을 해석해보았다. 전반적으로 말해서 극락세계에 왕생한 이후 온갖 괴로움을 철저히 벗어날 수 있고, 오직 지극히 수승한 묘법의 기쁨과 즐거움을 누릴 뿐이다. 그래서 이 소식을 들은 후 우리들은 지극히 큰 환희를 일으키고 굳건한 서원을 세워서 극락세계에 태어나길 희구해야 한다. 이것이 석가모니 부처님께서 우리들 사바세계 중생들을 위해 정토법문을 설하신 이유이다. 그래서 우리들은 세존의 가르침을 저버리지 말아야 하고, 일심으로 발원하여 극락세계에 태어나길 희구해야 할 것이다.

아래 경문에서는 석가모니 부처님께서 우리들에게 구체적으로 아미타 부처님의 세계를 「극락」이라 부르는 갖가지 아유를 말씀해 주신다. 곧 세존께서는 하나하나씩 그 이유를 들어 우리들에게 말씀해 주신다. 극락정토에는 이런저런 안락이 있고, 이런저런 공덕 장엄 등등이 있음을 말씀해 주신다. 당신은 진정으로 의보기계(依報器界; 국토와 의식주)와 정보유정(正報有情; 몸과 마음) 등 각각의 공덕을 이해한 후 반드시 그로부터 왕생을 구하는 마음을 일으켜야 한다.

정토법문의 학습방법

아래의 경문을 학습하기 이전에 나는 여기서 먼저 간단하게 정토법문을 학습하는 방법을 말하겠다.

먼저 경문을 학습할 때 경전의 말씀에 내포된 뜻을 정확하게 파악하여야 한다. 곧 마음속으로 극락국토의 공덕장엄에 대해 그것을 언급하기만 하면 현재 마음 앞에 나타날 수 있도록 매우 또렷하게 이해하여야 한다.

그런 다음 학습을 통해 이해한 법의를 반복해서 꿰어 진실로 이러한 불가사의한 공덕장엄을 체득하여야 한다. 이들 법의가 당신의 마음속으로 스며들어 당신 자신의 생각이 되어야 한다. 경에서 말씀한 내포된 뜻을 완전히 이해한 후 좌선하면서 사유하는 공부를 진행하여야 한다. 예컨대 이렇게 생각해 보자. 이들 보배나무, 보배그물, 보배연못, 공덕수, 미묘법음 등등이 참으로 좋다! 극락정토는 매우 아름답고 미묘하다! 반복해서 훈습薰習하여 극락을 좋아하는 마음이 사바세계를 좋아하는 마음보다 정말로 훨씬 더 커야 한다.

이렇게 해서 훈습이 매우 성숙해진 후에는 저절로 극락을 바라고 그리워하는 마음이 생길 것이다. 다만 내가 극락정토에 좀 더 일찍 태어날 수 있기를 희구할 뿐이다. 이렇게 끊임없이 훈습하고, 끊임없이 극락에 태어나길 구하는 마음(志願)을 일으킨다. 끊임없이 이를 강화해가면 이 같은 원심願心이 당신의 마음속에 주도적인 자리를 차지할 것이다. 실제로 정토의 법리를 많이 익히면 그 효과가 나타난다. 지금 막 시작할 때는 단지 문자상의 이해에 그친다. 오직 끊임없는 훈습을 통하여 일정정도에 이르렀을 때 다시 극락국토 속의 모든 것을 떠올리면 그것이 아라비안나이트와 같은 공상적인 이야기를 하고 있다거나 자신과 아무런 관계가 없는 일을 말하고 있다고 느끼지 않을 것이다. 마음속으로 이것이 바로 자신의 집 정원이라고 굳게 믿을 것이다. 극락왕생은 점차 당신 자신의 소원·정열·추구가 될 것이다. 이를 테면 내 자신이 현재 언제나 정토경전을 환희심으로 독송하고 정토경전을 강연하고 있다는 생각이 들 수도 있다.

일단 왕생의 목표를 확립하게 되면 이제 마음 상태는 이전과 같지 않다. 불경에서 말씀하는 것이 모두 자신과 밀접하게 관련되어 있다는 것을 느끼게 된다. 게다가 불경에서 말한 극락국토의 장엄을 찬찬히 살펴보고, 마음속으로 그것에 매우 환희하고 그것을 가만히 생각하기만 해도 더욱더 그리워질 것이다.

이렇게 한 후 이 같은 발원으로 당신의 신구의 삼업을 섭지할 수 있다. 여기서부터 당신은 진실로 정토행을 부지런히 닦기 시작하고, 진정으로 왕생의 자량을 모으기 시작할 것이다.

정리하자면, 우선 극락세계의 정황에 대해 진실로 수승한 이해와 믿음을 일으키고, 그것에 담긴 법의를 전부 마음속으로 받아들인다. 그런 후에는 왕생을 희구하는 원이 저절로 일어날 것이다. 진실한 발원이 일어날 때부터 진실로 왕생의 문에 이르기까지 극락왕생은 마음속으로 생각생각 잊지 않고, 오매불망 그리워하는 일이 될 것이니, 이것이 정토에 대한 진실한 정감이다.

예컨대, 이국 타향에서 객지살이 하던 어떤 사람이 노년에 이르렀을 때 저절로 고향을 사모하는 간절한 정이 생기고, 언제나 자신의 고향땅을 그리워한다. 왜냐하면 그의 마음속에서는 자신의 생명과 고향땅을 떼어놓을 수 없기 때문이다. 이 경우 절대로 무관심해 하거나 아랑곳하지 않는 태도는 있을 수 없고, 그곳에 있는 산과 물, 풍토와 인정 등과 같이 파노라마같이 펼쳐지는 모든 경계의 모습(境相)에 대해 매우 간절한 감정을 품게 될 것이다.

이와 마찬가지로 이 경전을 학습할 때 자신의 생명을 몰입하여 정토의 법의가 자신의 마음과 완전히 하나로 융합되어야 비로소 정토의 법미를 제대로 맛 볼 수 있고, 진실한 이익을 얻을 수 있다. 그렇지 않으면 극락세계가 아무리 수승해도 당신과 털끝만큼도 관계가 없을 것이다. 그래서 우리는 정토의 정감을 배양해야 한다. 정토에 대한 열정이 불붙기만 하면, 마음속 밑바닥 깊은 곳으로부터 정업淨業의 만행이 솟아날 수 있을 것이다. 이로부터 정업수행은 저절로 당신의 생활·언어·사상 전체 속으로 스며든다. 그런 다음 그것은 당신의 생명을 통섭統攝할 수 있고, 당신으로 하여금 한 마음으로 정토에 돌아가 의탁하게 할 것이다. 이렇게 해야 정말 살아있는 정토수행이라고 말할 수 있다.

실제로 도리는 매우 간단하고 매우 소박하므로 신비하고 현묘하게 말하는 부분은 조금도 없다. 관건은 각자 진실로 행하는 것에 있다. 오르지 당신이 실제로 부처님께서 경전에서 설하신 말씀을 한 구절 한 구절 전부 자신의 가슴속에 새겨서 진심으로 공부해야만 매우 큰 효과가 생길 것이다. 그렇지 않고 오직 이것을 지식삼아 이해한다면 법의는 당신의 마음과 융합될 수 없다. 이러면 큰 효과가 일어날 수 없고, 진실한 이익을 얻기 어려울 것이다.

지금부터 극락세계의 공덕장엄을 구체적으로 풀이하겠다.

제3품 난간과 그물의 장엄[欄網莊嚴 第三]

3-1

또 사리자여! 극락세계 청정불토에는 곳곳마다 일곱 겹으로 줄지어 늘어선 미묘한 보배 난순과 일곱 겹으로 줄지어 늘어선 보배 다라수와 일곱 겹의 미묘한 보배그물이 있어 이 주위를 둘러싸고 있고, 네 가지 보배로 장엄되어 있으니, 즉 금보·은보·폐유리보·파지가보로 사이사이 수놓아져 미묘하게 장식되어 있느니라. 사리자여! 저 불국토에는 이와 같은 등 갖가지로 미묘하고 아름답게 장식한 공덕장엄이 있어 매우 좋아하고 즐거워할 수 있나니, 이런 까닭에 극락세계라 이름하느니라.

"又, 舍利子! 極樂世界淨佛土中, 處處皆有七重行列妙寶欄楯·七重行列寶多羅樹, 及有七重妙寶羅網, 周帀圍繞, 四寶莊嚴——金寶·銀寶·吠琉璃寶·頗胝迦寶, 妙飾間綺. 舍利子! 彼佛土中有如是等衆妙綺飾, 功德莊嚴甚可愛樂, 是故名爲極樂世界."

[강기]

부처님께서 사리자에게 말씀하셨다. "극락세계, 이 청정한 불국토에는 곳곳에 모두 일곱 겹의 미묘한 보배로 된 난순이 줄지어 늘어서 있고, 또 일곱 겹의 미묘한 보배로 된 다라수[5]가 줄지어 늘어서 있으며, 또한 허공 가운데는 일곱 겹의 미묘한 보배로 엮어서 만든 그물이 줄지어 늘어서 있어 이 주위를 둘러싸고 있고, 네 가지 보배로 장엄되어 있으니, 즉 금보·은보·유리(폐유리 vaidūya)보·수정(파지가)보로 갖가지 미묘한 장식을 구족하고 있다. 사리자여! 불국토에는 무량무수의 기묘한 장엄이 있어 일생에 이곳에 이르면 몸과 마음은 너무나 기쁘고 즐거우므로 「극락세계」라 한다."

극락세계, 이 기쁨과 즐거움이 넘치는 국토를 한눈에 바라보면 곳곳마다 모두 미묘한 보배로 이루어진 난순·나망·나무(行樹)가 미묘한 장엄을 구족하고 있다. (「난순」은 건축물 혹은 수목 주위를 둘러싼 울타리를 가리킨다. 「난欄」은 가로로 된 것이고, 「순楯」은 세로로 된 것이다.) 난순이든, 나무이든, 나망이든 모두 각각 일곱 겹으로 되어 있다. 예컨대 어느 곳에서나 나무가 있으면 저절로 일곱 줄로 나란히 배열되어 있다. 이 나무의 주위에는 일곱 열의 난순이 나란히 배열되어 있어 저절로 일곱 겹으로 둘러싸고 있고, 나망도 이와 같다.

---

5) 다라수多羅樹 : 나무 이름. 그 형태는 바퀴와 같은 종려나무이다. 몸은 쇠처럼 단단하고 잎은 길고 조밀하며, 장시간 큰 비가 많이 올지라도 그 잎 그늘이 기둥에 있어 지붕 아래와 같다. 열매는 익으면 큰 붉은 석류와 같고 사람들이 잘 먹는다.

제4품 공덕수와 연꽃광명[德水蓮光 第四]

4-1

또 사리자여, 극락세계 청정불토에는 곳곳마다 칠보 연못이 있어 그 속에 팔공덕수가 가득 차 있나니, 어떤 것들을 팔공덕수라 하는가? 첫째는 맑고 투명하며, 둘째는 시원하며, 셋째는 감미로우며, 넷째는 부드러우며, 다섯째는 윤택하며, 여섯째는 평안하며, 일곱째는 마실 때 굶주림 등 무량한 허물 근심이 사라지며, 여덟째는 마시고 나면 꼭 모든 근·사대를 장양시킬 수 있고 온갖 수승한 선근을 증익하게 되나니, 복덕이 많은 중생들은 항상 즐겨 누리느니라.

"又, 舍利子! 極樂世界淨佛土中, 處處皆有七妙寶池, 八功德水彌滿其中. 何等名爲八功德水? 一者澄淨, 二者淸冷, 三者甘美, 四者輕軟, 五者潤澤, 六者安和, 七者飮時除饑渴等無量過患, 八者飮已定能長養諸根四大 ; 增益種種殊勝善根, 多福衆生常樂受用.

[강기]

세존께서 말씀하셨다. "또 사리자여! 극락세계, 이 청정한 불국토에는 곳곳마다 칠보로 된 연못이 있고, 그 속에는 팔공덕수가 가득 차 있느니라."

칠보 연못의 물은 여덟 종의 수승한 공덕을 갖추고 있어서 '팔공덕수'라 고 한다. 당연히 이는 사바세계의 인간이 이해할 수 있도록 세존께서 대략 여덟 가지 공덕을 말씀하셨을 뿐이다. 실제로는 극락세계의 물은 무량무수 의 공덕을 갖추고 있어 이는 말로써 다 설명할 수 없다.
구체적으로 여덟 가지 공덕을 풀이해 보자.

1. **맑고 깨끗하다** : 극락국토의 물은 위에서 한눈으로 밑바닥까지 볼 수 있을 정도로 맑고 투명하며 어떠한 불순물, 침전물 등의 혼탁한 모습이 없다. 『무량수경』에서는 "(물은) 형체가 없는 듯 맑고 깨끗하여 보배 모래가 환히 드러나고 아무리 깊어도 비치지 않는 곳이 없다"고 말한다. 이 말은 극락국토의 물은 마치 아무런 형체가 없는 것처럼 맑고 투명하여, 언덕 위에 서서 보면 한눈에 연못 바닥에 있는 금모래까지 다 볼 수 있다는 뜻이다. 얼마나 맑고 깨끗한지 알 수 있다!

2. **시원하다** : 극락국토의 물은 감촉 면에서 너무나 시원하여 마시면 가슴속까지 스며들어 오장육부 모든 장기가 매우 큰 가피를 입는다.

3. **감미롭다** : 극락국토의 물은 맛 면에서 매우 감미롭고 미묘하다. 이는 가장 수승하고 미묘한 감로수로 이보다 더 마시기 좋은 물은 없다.

4. **부드럽다** : 극락국토의 물은 촉감 면에서 매우 가볍고 부드럽다. 그 물은 혀와 몸에 닿을 때 조금도 무겁고 딱딱한 감각이 느껴지지 않을 것이다.

5. **윤택하다** : 극락국토의 물은 효과 면에서 몸에 좋은 영양분이 된다. 한 모금 마시면 눈·귀·코·혀·몸의 오근에 완전한 영양분이 된다. 극락국토의 물은 아미타 부처님의 화현化現이기 때문에 왕생하는 자의 오근이 이 같은 물에 닿을 때 부처님의 가피를 받는다. 따라서 자신이 본래 가지고 있는 무한 활력을 불러 일으켜 언제나 가볍고, 쾌적하며, 선정의 기쁨(禪悅)에 머문다.

6. **평안하다** : 극락 국토의 물은 몸의 상태 면에서 매우 안정되고 평화롭다. 우리들이 이 세계 속에서 시내, 강, 호수는 물론이고 대양 등등의 물은 이따금 모두 물살이 세고, 심지어 쉬지 않고 맞부딪쳐 솟구치며 출렁거리는 모습을 드러내기도 하여 사람들에게 두렵고 아찔한 느낌을 주기도 한다. 그러나 극락세계의 물은 영원히 매우 부드럽고 천천히 흐른다. 바로 "마음이 청정하면 불국토가 청정하고, 마음이 평화로우면 세계도 평화롭다" 라고 말함과 같다. 극락세계는 안상·자재·화평하고, 평온한 국토이다. 그래서 국토의 물이 띠는 주파수는 지극히 평온하고 너그럽다. 당신은 그런 주파수에 마음이 머물러 있다면 저절로 매우 안정되고 잡념이 없을 것이다.

7. 마실 때 굶주림 등 무량한 허물과 근심이 사라진다 : 극락국토의 물은 효과의 측면에서 허물과 근심을 몰아내는 미묘한 힘이 있다. 이 물을 마시면 몸과 마음에서 굶주림과 목마름, 질병 등의 무량한 허물 근심을 모두 몰아내고 없앨 수 있다.

이 같은 공덕에 대해 우리들은 현재 자신의 상황과 결합시켜 사유를 진행할 수 있다. 굶주림과 목마름은 모두 일종의 병적인 상태이다. 우리들은 현재 우리 몸에 하나의 근심거리처럼 굶주림과 목마름, 병으로 인한 상처가 있다. 이들 질병은 약물에 의지해야 병에 걸리지 않듯이 마찬가지로 매일 이 몸은 세 끼 음식을 먹어야 충돌이 일어나지 않고, 병에 걸리지 않을 수 있다. 만약 약물 용량이 조금이라도 부족하면 굶주림과 목마름, 병세가 바로 생기고 괴로운 느낌이 강렬하게 나타날 수 있다. 그렇지만 극락세계의 팔공덕수는 조금만 마셔도 이로부터 굶주림과 목마름 등의 병세가 더 이상 생기지 않는다.

또한 불경[6]에서는 현재 이 몸은 지수화풍의 사대(四大; 네 가지 요소)가 합쳐서 이루어진 것으로 사대 간에는 서로 위해違害를 끼친다고 한다. 이는 예컨대 네 마리 독사를 모아 한곳에 두면 이 네 마리가 서로 억제하여

---

[6] 『금광명최승왕경金光明最勝王經』 : "지수화풍이 다 같이 몸을 이루어 저 인연을 따라 다른 과를 불러 모으고, 동시에 한곳에서 서로 위해를 끼치는 것이 독사가 작은 상자에 있는 것과 같다."

세력이 우열을 가릴 수 없을 때 비로소 잠시 안녕을 유지할 수 있다. 마찬가지로 사대도 평형상태에 있을 때 비로소 잠시 건강한 상태를 유지할 수 있다. 어느 날 아침 한 가지 요소(大)가 증가 혹은 약화되어 사대가 다시 평행을 이루지 못하면 다른 세 가지 요소를 해치게 된다. 이때 몸에 온갖 질병이 나타나게 된다. 한 가지 요소를 조절하지 못하면 101가지 병이 생기니, 네 가지 요소를 모두 합쳐서 404가지 병이 생긴다. 『열반경』[7]에 따르면 우리 몸은 매우 연약하여, 오래된 유리병이 비바람 치고, 때리고 부딪히고 누르는 등을 이겨내지 못하는 것처럼 이 몸도 굶주림과 목마름, 추위와 더위, 비바람 치고, 매 맞고 욕설하는 등등을 이겨낼 수 없다. 극락세계의 팔공덕수는 지극히 큰 가피가 있어 진정한 감로묘약이다. 이를 조금만 마셔도 사지와 온몸의 뼈, 오장육부에 있는 모든 병이 완전히 사라진다.

중생의 몸은 매우 연약하기 때문에 온갖 괴로움에 대한 의지처가 생겨난다. 그래서 이로부터 아미타 부처님의 견줄 수 없을 만큼 큰 자비심이 생겨난다. 그분께서 창건하신 극락세계는 어떤 중생이라도 이곳에 왕생하기만 하면 몸과 마음에서 일체 괴로움의 원인과 과보를 철저히 멀리 여의게 된다. 이러한 원망願望을 달성하기 위해서 전체 극락국토의 사물은 모두

---

[7] 『대반열반경大般涅槃經』: "선남자여! 비유컨대 오래된 병이 비바람 치고, 때리고 두드리고 누르는 것을 이겨내지 못하듯이 일체중생의 몸도 이와 같아서 기갈과 추위 더위와 비바람 치고, 때리고, 묶고, 욕하는 것을 견디지 못한다."

지극히 큰 가피를 구족하고 있다. 중생은 단지 이러한 장엄묘상莊嚴妙相에 접촉하기만 하면 이로부터 몸과 마음에 어떠한 근심 고통도 더 이상 느끼지 않을 것이다. 그래서 극락세계에서 눈·귀·코·혀·몸·뜻이 색깔·소리·향기·맛·촉감·법과 접촉하여, 근根과 경境이 서로 마주할 때 반드시 촉觸이 생겨나고, 이로 말미암아 갖가지 느낌(受)을 이끌어낸다. 아미타 부처님께서 착안하신 점은 바로 극락국토 천인들의 근과 경이 서로 마주할 때 단지 무루의 즐거운 느낌이 나타나기만 하면 된다는 것이다. 바꾸어 말하면 극락세계에서는 언제 어느 곳이든 육근이 어떠한 경계 인연(境緣)과 접촉할 때 일체의 근심 고통을 바로 그 순간 적멸하고 동시에 무루의 기쁨과 즐거움을 이끌어낸다. 이로 말미암아 그러한 불가사의한 효과를 지니고 있으므로 극락세계라 한다.

8. 마시고 나면 꼭 모든 근·사대를 장양시킬 수 있다 : 극락국토의 물은 지극히 큰 증익의 효과를 갖추고 있어 마시고 난 후 반드시 모든 근과 사대를 장양시킬 수 있다.

사바세계에서 우리들은 갖가지 영양성분이 든 음료를 마시고, 이들 영양제품을 먹으면 자신의 몸을 장양시킬 수 있다고 생각한다. 그렇지만 실제로는 사바세계의 음식·약물 등은 모든 근의 힘을 장양시키는데, 그 효과가 매우 미미하다. 특히 현재 말법시대 중생의 행복은 점점 줄어들고 있고, 음식·약물 등의 정화精華도 점점 줄어들고 있으며, 모든 근의 세력을 장양시키는 것은 더욱 더 미미해지고 있다. 그렇지만 일생에 극락세계에 이르면 팔공덕수를 조금만 마셔도 지극히 큰 힘을 얻을 수 있다. 오장육부를 윤택하게 할 수 있을 뿐만 아니라 귀를 밝게 하고, 눈을 맑게 하며, 일체 근을 모두 다 밝혀 예리하게 변화시킨다. 이것이 바로 팔공덕수가 모든 근과 사대의 역용力用을 장양시키는 것이다. 달리 말해 왕생하는 사람의 지수화풍 사대는 팔공덕수의 가피를 얻으면 즉시 증장할 수 있어 지극히 큰 위신세력威神勢力이 생기게 된다.

"갖가지 수승한 선근을 증익시킨다." 극락세계의 물은 색신의 모든 근과 사대를 장양시킬 수 있을 뿐만 아니라 더욱 미묘한 것은 마음속에 갖가지 수승한 선근을 증익시킬 수 있다는 것이다.

사바세계의 물은 마신 후 단지 갈증만 해소시키고, 기껏해야 몸의 사대를 증익할 수 있지만, 마음속의 선근을 장양시킬 수 없다. 그렇지만 아미타 부처님의 지혜와 자비서원으로부터 화현한 팔공덕수가 당신의 몸속으로 한번 융입融入되면 즉시 마음을 가지加持하는 효과가 생기게 된다. 곧 당신의 마음속에 있는 온갖 선법공덕, 예컨대 신심·정진·정념·선정·지혜 등의 선근을 모두다 지극히 크게 증장시킬 것이다. 한번 마시기만 하면 수행의 경계는 상당히 크게 제고될 것이다. 『왕생론주往生論注』에서도 "심신을 개오케 하고 몸을 즐겁게 하나니, 하나라도 불가함이 없다(開神悅體, 無一不可)"고 하였다. 이 말은 극락국토에서의 물은 심신心神을 개오開悟

시킬 수 있고, 몸을 즐겁고 기쁘게 할 수 있으며, 또한 여의보如意寶처럼 일체의 소원을 만족시킬 수 있다는 뜻이다.

담란대사께서는 『왕생론주』에서, 극락세계에 있는 수많은 일들과 수많은 물건들이 모두 다 우리 사바세계의 것과 다르고, 모두 다 마음에 대해 증익하는 효과가 일어난다고 말씀하셨다. 광명을 예를 들어 보자. 우리들 물질세계(器世界)에서의 광명은 단지 외계의 암흑을 비추어 깨뜨리고 바깥에 존재하는 색법에 광명을 가져다 줄 수 있을 뿐이다. 예컨대 태양이 막 떠오를 때 대지 위의 온갖 화초와 수목, 조경 건축물 등등은 다른 형상, 빛깔을 현현할 것이다. 그렇지만 햇빛이든 달빛이든 또는 등불 빛 등등 무엇이든 상관없이 모두 중생의 마음 한가운데 있는 어리석음의 어둠(癡暗)을 비추어 깨뜨리지 못하고, 내부에 존재하는 지혜광명을 가져다 줄 수 없다. 그러나 극락세계의 광명은 한번 접촉하자마자 마음속에 어리석음의 어둠도 즉시 소멸시키고 부처님의 지혜 속으로 들어가게 한다. 바람을 예로 들어 말하면, 우리 사바세계에서의 바람은 몸에 불어올 때 단지 몸에 시원하고 상쾌함을 느끼게 할 뿐이고, 마음의 청량함을 얻게 할 수는 없다. 그렇지만 극락세계의 바람이 불어오면 즉시 당신의 몸과 마음을 부드럽게 만들고 비구가 멸진정에 들듯이 안락함을 얻게 해준다. 요컨대 극락세계에 있는 모든 사물은 절대 무의미한 일을 하지 않고, 모두다 악을 멸하고, 선을 생하는 효과를 일으킬 수 있다.

"복덕이 많은 중생들은 항상 즐겨 누린다." 이상에서 말한 이들 원인으로 말미암아 큰 복덕이 있는 중생들은 언제나 수승한 무량공덕을 지닌 물을 기쁘게 누린다.

단지 큰 복덕을 지닌 사람만이 극락세계에 왕생할 수 있고 팔공덕수를 누릴 수 있음을 알아야 한다. 상상해보라! 이 세계에서 복덕이 많은 사람들도 기껏해야 상대적으로 깨끗한 광천수, 과즙 등등을 마실 수 있을 뿐이고, 욕계천의 감로수조차 마실 수 없으니, 하물며 극락세계의 공덕수이겠는가? 그래서 우리는 반드시 극락세계에 가야 한다. 실제로 아미타 부처님 본원의 바다 법문을 진정으로 믿고 받아들이는 사람은 큰 복덕이 있는 사람이다. 그는 정말 그곳에 왕생할 수 있다. 이러한 수승한 물을 누릴 수 있다면 그것은 확실히 더할 나위 없는 행복이다.

전체적으로 말해서 이렇게 생각해 보라. 극락국토의 물은 아미타 부처님의 지혜와 자비의 화현이다. 색·소리·향기·맛·촉감 무엇이든 상관없이 모두다 지극히 큰 가피를 지니고 있고, 가장 수승한 정화이다. 그것은 영혼을 말끔히 씻을 수 있어, 일체 세간의 물보다 수승하다. 그래서 나는 정토의 공덕수를 좋아하고, 지구상의 일체 물보다 더 좋아한다. 그것이 곧 아미타 부처님이라고 여기며 내 마음속으로부터 공덕수를 찬탄한다. 극락세계에 왕생하면 칠보연못에 태어나고 팔공덕수를 마음껏 마시는 것이 바로 내 마음 속 가장 큰 소원이다. 이 같은 심원은 이 세계에서 어떠한 계림桂林의 산과 물, 장강長江의 삼협三峽 등의 빼어난 명소를 마음대로 유람하고 싶은 소원보다 훨씬 멋지다.

4-2

이 모든 보배 연못은 바닥에 금모래가 깔려 있고, 사면 주위에는 네 개의 계단길이 있으며, 네 가지 보배로 장엄되어 있어 매우 좋아하고 즐거워하느니라. 모든 연못 주위에는 미묘한 보배나무가 사이사이 줄지어 늘어서서 장식하며 짙은 향기를 발산하고 있고, 칠보로 장엄되어 있어 매우 좋아하고 즐거워하나니, 칠보라 함은 첫째 금, 둘째 은, 셋째 유리, 넷째 파려, 다섯째 적진주, 여섯째 아습마게바 보배, 일곱째 모사락계랍바 보배이니라.

> 是諸寶池底布金沙, 四面周匝有四階道, 四寶莊嚴甚可愛樂. 諸池周匝有妙寶樹, 間飾行列香氣芬馥, 七寶莊嚴甚可愛樂. 言七寶者, 一金・二銀・三吠琉璃・四頗胝迦・五赤眞珠・六阿濕摩揭拉婆寶・七牟娑落揭拉婆寶.

[강기]

칠보연못의 바닥에는 황금 모래가 가득 깔려있고, 동서남북 사방으로 계단이 나있다. 계단은 금・은・유리・수정 네 가지 보배로 장엄되어 있어,

사람들이 이를 보고 기뻐한다. 연못 주위에는 미묘한 보배나무가 많이 있어, 한 줄 한 줄 사이사이 섞여 장엄하고 있고, 또한 매우 짙은 향기를 발산하고 있다. 이들 미묘한 보배의 가로수는 칠보로 아름답게 장엄하여, 사람들에게 환희심을 불러일으킨다. 이른바 '칠보'란 1) 금, 2) 은, 3) 유리, 4) 수정(파려), 5) 진주, 6) 마노(aaśmagarbh), 7) 자거(Musāra-galva)를 가리킨다.

이른바 '칠보나무'란 이들 나무가 칠보로 이루어져 있음을 가리킨다. 실제로 비록 '칠보'라 말할지라도 지구상에 존재하는 각종 귀중한 보물의 명칭을 빌어서 임시로 표시하였을 뿐이다. 결코 극락세계의 미묘한 보배와 우리들 세계의 금·은·진주 보배와 같다고 말하는 것이 아니다. 극락세계의 미묘한 보배는 아미타 부처님의 무루심無漏心으로부터 화현하여 무량무수의 공덕묘용을 갖추고 있다. 그래서 사바세계의 금·은·유리 등 보물과는 근본적으로 같이 논할 수 없다.

그렇다면 왜 극락세계를 또 '보엄국토寶嚴國土(보배로 장엄한 국토)'라고 하는가? 우리 인간에게 이 세상의 보물들은 가장 귀중하다. 우리들은 금·은·유리·수정 등을 뛰어난 물건이라 생각한다. 그래서 세존께서는 인간의 시각에 맞추어 극락세계의 공덕장엄을 설명하고자 사람들이 가장 귀중하게 여기는 사물을 빌어서 설명하였을 뿐이다. 그렇지 않으면 근본적으로 가르침을 널리 펼 수 없다. 다른 명칭을 사용한다면 사람들이 이해할 수 없기 때문이다. 그래서 이것은 단지 일종의 표시법임을 알아야 한다. 이러한 표시법으로부터 우리는 극락세계에 있는 모든 사물들은 모두 다 최상의 가치를 지니고 있고, 모두 다 무량무변의 공덕·묘용妙用 등등이 있음을 이해하여야 한다.

　이들 수승한 공능·묘용은 모두 다 아미타 부처님께서 다생 누겁 동안 성취한 무량겁 수행의 가피로 만들어진 결과이다. 당신이 일생에 극락세계에 들어가면 아미타 부처님의 자식으로 자애로운 아버지이신 아미타 부처님의 일체 복덕을 누릴 수 있다. 그래서 우리들은 일생에 극락세계에 들어가기만 하면 아미타 부처님의 가업을 계승하여 문득 더없이 부유하고, 더없이 귀한 존재가 될 수 있을 것이다. 그때 어느 곳에서든 마음대로 이들 위없는 미묘한 보배를 누리고, 사바세계에 있는 사람의 왕, 천상의 왕 등등 그 누구와 비교해도 모두 헤아릴 수 없이 부귀하다. 비교해 보면 사바세계의 모든 보배는 전부 다 그것에 미련을 가질 가치조차 없다. 극락세계에서만 아미타 부처님의 미묘한 마음으로부터 가장 좋은 보물이 변하여 나타난다. 그래서 우리들은 극락세계의 미묘한 보배를 사바세계의 모든 귀중한 보배보다 좋아할 것이다. 마음속으로 오직 더없이 미묘하고 뛰어난 보엄국토에 가능한 한 빨리 태어나길 바랄 뿐이다.

　이상으로 극락세계 "미묘한 보배(妙寶)"에 담긴 뜻을 해석하였고, 다음으로 보배연못에서 피는 연꽃의 미묘 장엄을 풀이하겠다.

4-3

이 모든 연못 안에는 항상 갖가지 여러 색깔이 뒤섞인 연꽃이 있는데, 그 크기가 수레바퀴만 하고, 푸른 연꽃에서는 푸른 빛깔을 띠고 푸른 광채가 빛나고 푸른 그림자가 드리우며, 노란 연꽃에서는 노란 빛깔을 띠고 노란 광채가 빛나고 노란 그림자가 드리우며, 붉은 연꽃에서는 붉은 빛깔을 띠고 붉은 광채가 빛나고 붉은 그림자가 드리우며, 흰 연꽃에서는 흰 빛깔을 띠고 흰 광채가 빛나고 흰 그림자가 드리우느니라.

> 是諸池中常有種種雜色蓮華, 量如車輪, 青形青顯青光青影, 黃形黃顯黃光黃影, 赤形赤顯赤光赤影, 白形白顯白光白影, 四形四顯四光四影.

[강기]

칠보연못에는 언제나 온갖 화려하고 아름다우며 다양한 빛깔·광채가 눈부신 연꽃들을 볼 수 있다. 이들 연꽃은 수레바퀴처럼 그렇게 크다. 그 가운데 푸른 연꽃은 푸른 빛깔·광채·그림자를 지니고 있고, 노란 연꽃은 노란 빛깔·광채·그림자를 지니고 있으며, 흰 연꽃은 흰 빛깔·광채·그림자를 지니고 있다. 청·황·적·백 네 가지 색의 연꽃은 청·황·적·백의 네 가지 빛깔·광채·그림자(수면에 드리운 그림자)를 지니고 있다.

연못의 경관은 견줄 수 없을 만큼 기묘하다. 그 가운데 "여러 빛깔이 뒤섞인 연꽃"이란 연꽃의 빛깔이 매우 풍부하여 단조롭지 않음을 가리킨다.

"그 크기가 수레바퀴만 하다"란 연꽃의 형태와 크기는 수레바퀴만큼 그렇게 크다는 것을 가리킨다. 당연히 이것도 세존께서 우리 사바세계 인간에게 맞추어 연꽃이 수레바퀴만큼 크다고 말씀하셨을 뿐이다. 실제로 극락세계의 연꽃은 큰 꽃도 있고, 작은 꽃도 있지만, 그 크기는 근본적으로 육안으로 볼 수 없고, 분별심으로도 가늠할 수가 없다. 연꽃의 형태는 여기서 세존께서 청·황·적·백 네 가지 빛깔을 예로 들어 표시했을 뿐이고, 실제로 극락국토에 있는 연꽃의 종류는 헤아릴 수 없이 무량무변하다.

예를 들면 푸른 연꽃(靑蓮花)은 온몸이 푸른 광명체로 이 세상의 꽃과 달리 외형이 변하지 않는다. 극락국토의 연꽃은 안팎이 환하게 보이는 광명의 특성이 있다. 눈부시게 아름다운 광채와 빛깔이 연못을 비출 때 수면 위로 청색의 그림자가 드리운다. 미풍이 가볍게 스쳐 지나가면 연꽃은 끊임없이 선회하며, 청색의 광명과 그림자도 그것을 따라 끊임없이 선회한다. 기타 황색·적색·백색 등의 연꽃도 이와 같다. 이들 빛깔이 섞여서 빛나는 광명체가 바람을 따라 선회하고, 수면 위로 광채와 그림자도 끊임없이 선회한다. 이처럼 백천 가지의 광채와 빛깔이 끊임없이 선회하고 교차하며, 지극히 미묘한 풍광을 형성하고 있다.

실제로 이곳에서도 가끔씩 우리들에게 그리워하는 마음을 일으킬 수 있도록 조금 보여주고, 조금 소식을 드러내기도 한다. 그러나 실제로는 극락세계의 수많은 경관은 근본적으로 인간의 언어로 묘사할 수 없다.

왜냐하면 극락세계의 갖가지 미묘 장엄의 모습과 비교하면 모든 언어는 참으로 생기가 없어 보이기 때문이다. 언어는 단지 한정적으로 조금 묘사할 수 있을 뿐이니, 어떻게 제일의제第一義諦·미묘 경계의 모습(境界相) 그 자체를 묘사할 수 있겠는가? 저 지극히 미묘한 풍광은 영묘한 붓과 그림으로도 전혀 표현하지 못하고, 선묘한 변재로 아무리 찬탄하여도 다하지 못한다.

이 세상에는 사람들의 눈과 마음을 즐겁게 하는 온갖 풍경과 명승지가 있다. 예컨대 세계 각지에는 모두 각각의 기묘한 경관, 자연 풍광이 있다. 그렇지만 이 세계에 있는 모든 미묘한 경관을 한곳에 모아 놓는다고 할지라도 극락세계와는 조금도 비교할 수 없고, 당연히 근본적으로 같이 논할 수 없다.

우리들은 현재 가본 적이 없기 때문에 마음속에 어떤 개념도 없고, 그리워하는 마음도 일어나지 않는다. 만약 어느 날 당신을 극락세계에 데려가서 그것을 보여준다면 당신은 반드시 다시 돌아가고픈 마음이 간절해질 것이다. 그때 반드시 연지대사처럼 말할 것이다.

"이것을 알게 되면, 정토에 태어나길 구할 것이다. 이는 세상의 그 어떤 부귀영화로도 말리지 못한다!"

이는 마치 이 지구상에서 당신이 어느 날 풍경이 매우 빼어난 지방에 가게 되면 틀림없이 "이곳은 이상향이다. 내 마음속에 가장 이상적인 곳이고, 머물고 싶은 곳이다. 한 평생 이곳에서 살고 싶다"고 말하는 것과 같다.

그러나 극락세계가 어찌 그 뿐이겠는가? 일체 경계의 모습은 모두 인공으로 만든 것이 아니다. 일체의 미묘한 풍광은 모두 다 가장 위대하신 예술가이자 기술자이신 아미타 부처님의 영묘한 진심으로부터 변하여 나타난 것이므로 어느 곳을 가더라도 모두 불가사의한 예술품이다. 그래서 극락에 간 사람들은 분명히 찬탄해 마지않을 것이다!

4-4

사리자여! 저 불국토에는 이와 같은 등 갖가지로 미묘하고 아름답게 장식한 공덕장엄이 있어 매우 좋아하고 즐거워할 수 있나니, 이런 까닭에 극락세계라 이름하느니라.

　舍利子！彼佛土中有如是等衆妙绮飾，功德莊嚴甚可愛樂，是故名爲極樂世界.”

[강기]

여기서 석가모니 부처님께서는 다시 한번 사리자와 대중들을 일깨우시기 위해 말씀하신다.

"사리자여, 이 국토에서는 이와 같은 미묘 장엄이 매우 많고, 모두 공덕을 구족하여 사람들이 너무나 기뻐하고 즐거워하니, 그래서 「극락세계」라고 하느니라."

다음으로 극락국토의 소리장엄을 풀이하겠다.

제5품 미묘한 음악장엄 [自然妙樂 第五]

5-1

또 사리자여! 극락세계 청정불토에는 무량무변의 온갖 미묘한 천상음악이 저절로 항상 흘러나오는데, 음의 곡조가 잘 어울리고 청아하여, 매우 좋아하고 즐거워하느니라. 모든 유정들이 이 미묘한 소리를 들으면 모든 악과 번뇌가 다 소멸되고, 무량한 선법이 점차로 증장하여 빨리 무상정등보리를 증득하느니라.

"又, 舍利子! 極樂世界淨佛土中, 自然常有無量無邊衆妙伎樂, 音曲和雅甚可愛樂. 諸有情類聞斯妙音, 諸惡煩惱悉皆消滅, 無量善法漸次增長, 速證無上正等菩提.

[강기]

세존께서 계속 말씀하셨다. "또한, 사리자여! 극락세계, 이 청정한 불국토에는 언제나 무량무변 각양각색의 기묘한 음악이 저절로 흘러나온다. 이들 음악의 곡조는 잘 어울리고 청아하여, 사람이 한번 들으면 환희심이 생긴다. 국토에 있는 유정들이 이러한 미묘한 음성을 듣게 되면 온갖 번뇌·

악분별념 등이 이내 저절로 소멸되고, 무량무변의 선법 공덕이 마음속에 점차 늘어나며, 이로 인해 신속히 무상 불과를 증득하게 된다."

이로부터 우리는 아미타 부처님께서는 가장 위대한 음악가임을 알아차릴 수 있다. 그분의 영명靈明하고 미묘한 마음은 본원의 바다를 인연으로 삼고, 중생의 마음에 순응하여서 무량무변의 미묘한 음성이 계속 흘러나온다. 게다가 이들 음악은 모두 매우 깊고 미묘한 불법을 널리 알리는데, 이는 세계에서 최고의 음악이다. 또한 이 무량한 법음은 어떠한 분별조작을 빌리지 않아도 모두 저절로 현현한다. 온갖 바람소리, 물소리, 새 울음소리 등등으로 표현되며, 지극히 기묘하고 불가사의하다.

구체적으로 살펴보자. 먼저 "음의 곡조가 잘 어울리고 청아하여, 매우 좋아하고 즐거워한다." 음악은 사람들의 마음 상태에 영향을 미친다. 세간의 음악을 예로 들어 보자. 예컨대 어떤 사람에게 대중음악인 록 앤 롤 음악을 듣게 해보자. 이 음악은 기본적으로 포효하듯이 전력을 다해 목이 쉬도록 격렬하게 광분하면서 히스테리를 털어놓는다. 실제로 이 음악은 모두 다 지극히 깊고 무거운 번뇌를 표현한다. 그래서 이 음악을 듣고 난 후 마음은 초조하고 불안하게 바뀐다. 이에 반해 클래식 음악을 들으면 완전히 다르다. 클래식 음악은 작자의 마음속에 자리잡은 심령경계를 미묘한 선율을 통해서 표현하므로 매우 깊고 미묘한 의경(意境; 관념화된 형상)을 지니고 있고, 영성과 유동적인 미감이 풍부하다. 그래서 클래식 음악을 감상하면 마음은 자연히 이 같은 의경을 체득할 수 있고, 평온(甯靜)하고 안상(安詳)한 마음으로 바뀔 것이다. 이 같은 음악은 망념을 멈추게 할 수 있어 듣는 사람으로 하여금 문득 요원하고 안녕한 경계에 머물게 한다.

극락세계의 음악은 인간에게 가장 미묘한 음악보다 훨씬 뛰어나고, 천상의 음악마저도 넘어선다. 그것은 시방세계에서 지극히 희유하고 보기 드문 음악으로 지극히 미묘한 선율을 가지고 있다. 그 같은 경계는 어떠한 음악과 비교해도 모두 헤아릴 수 없이 수승하다. 그것은 완전히 여래 법신의 미묘한 지혜로부터 흘러나온 것이므로 지극히 큰 가피를 지니고 있다. 당신이 그 음악을 들었을 때 마음속은 저절로 법희가 충만하고, 견줄 수 없을 만큼 수승한 청정·자재한 상태에 머물 것이다.

"모든 유정들이 이 미묘한 소리를 들으면 모든 악과 번뇌가 다 소멸될 것이다." 이 같은 음악이 유정들의 귀에 닿아서 유정의 마음에 융합되면 즉시 중생심(衆生心) 속에 든 갖가지 번뇌·악분별념 등의 물든 때가 전부 사라져 버릴 것이다. 이 얼마나 불가사의한가!

"무량한 선법이 점차로 증장하여 빨리 무상정등보리를 증득한다." 이 같은 음성이 귀로 전해지면 듣는 자의 마음속에 문득 청량함을 얻게 할 수 있고, 이로 인해 무량한 보리 선근이 점차로 증장될 것이다. 말하자면 극락국토 천인들이 이 미묘한 음성을 듣게 되면 때로는 자비심이 얼어나고,

때로는 신심이 일어나고, 때로는 정진심이 일어나고, 때로는 생함도 없고 멸함도 없는 대공성大空性 가운데 평안히 머물고, 때로는 자성광명이 현현하고, 때로는 미래제가 다하도록 항상 보살도를 행하겠다는 서원을 발할 수도 있고, 때로는 취함도 없고 버림도 없는 경계 가운데 머물 수도 있다……요컨대 극락국토의 미묘한 소리는 온갖 선근을 일깨울 수 있다. 이러한 까닭에 극락국토의 천인들은 빠르게 무상정등보리를 증득할 수 있다.

상상해보라. 극락정토에 한번 들어가면, 요컨대 하나의 음악, 묘법의 해양 속에 잠긴다. 아래로는 하루 시간 안에도 헤아릴 수 없는 순간이 있고, 순간마다 모두 아미타 부처님의 미묘한 음성을 통해 가피를 받을 수 있다. 이렇게 되니, 그 얻은 가피가 너무나 많고, 악을 멸하고 선을 낳는 효과가 너무나 지대하니, 어찌 신속히 성불할 수 없겠는가? 이렇게 극락국토에 한번 왕생하면 분명히 생각생각마다 물러남이 없으며, 오직 보리공덕을 증상시킬 뿐이다. 그래서 극락세계의 미묘한 공덕을 진정으로 알아야 하고, 이 세계를 반드시 똥 덩어리가 널린 땅처럼 보아서 헌신짝처럼 버려야 할 것이다. 사바세계를 싫어서 떠나고, 극락세계를 기뻐서 구하는 믿음과 발원의 마음을 어찌 내지 않을 수 있겠는가?

5-2

사리자여! 저 불국토에는 이와 같은 등 갖가지로 미묘하고 아름답게 장식한 공덕장엄이 있어 매우 좋아하고 즐거워할 수 있나니, 이런 까닭에 극락세계라 이름하느니라.

"舍利子! 彼佛土中有如是等衆妙綺飾, 功德莊嚴甚可愛樂, 是故名爲極樂世界."

[강기]

"사리자여, 이처럼 아미타 부처님의 국토는 기묘한 장엄이 매우 많고, 불가사의한 공덕을 구족하였다. 일생에 이 세계에 들어가면 환희심이 충만하니, 그래서 「극락세계」라고 한다."

이상으로 극락국토 내의 연못·물·꽃·나무·음성 등의 공덕장엄을 간략하게 풀이하였다. 전반적으로 말하면 극락국토에서는 색깔·소리·향기·맛·촉감·법의 오진(五塵; 다섯 경계)으로 모두 널리 불사를 지을 수 있다. 그것들은 전부 부처님의 미묘한 마음을 본체로 삼는다. 그래서 극락세계에 왕생한 후 몸과 마음은 전부 다 언제 어디서나 부처님의 미묘한 마음속에 있다. 게다가 수많은 사물들은 모두 부처님의 과지果地에 이르는 끝없는 묘용을 일으킬 수 있다. 말하자면, 이러한 묘상장엄妙相莊嚴이 연이어 끊어지지 않고 당신의 눈·귀·코·혀·몸·뜻 육근六根의 문을 통해서 부처님의 가피를 주입한다. 어떠한 사물이라도 그것과 접촉한 후에 모두 끊임없이 보리의 선근이 자랄 수 있고, 보리도 위에서 생각생각마다 증진한다. 그래서 극락세계에 한번 왕생하게 되면 문득 불퇴전지不退轉地에 들어가 신속히 더러움을 돌려서 청정함을 이루고, 범부를 돌려서 성인을 이루게 된다.

『왕생론주』에 따르면 사람 몸의 체성體性은 더러워서, 향이 아름다운 음식물이라도 한번 몸속에 들어가면 모두 더러운 똥으로 바뀌는 것과 같다. 똑같은 이치로 극락국토의 체성은 완전히 청정하다. 아미타 부처님 본원바다의 불가사의한 힘으로 중생은 단지 그곳에 왕생하기만 하면 몸과 마음은 전부 다 전화轉化되어 체성이 청정하게 바뀐다. 그 속의 색깔·소리·향기·맛·촉감·법이 매순간 끊임없이 왕생한 이에게 가피하기 때문이다. 그래서 중생은 극락세계에 한 번 왕생하면 매 순간 끊임없이 보리선근을 현발顯發하여, 신속히 불과를 성취한다.

우리들은 이 오탁악세의 환경은 매우 더럽고 탁하여 안팎으로 방해하는 힘이 너무나 많다. 그러나 우리들은 처음 배우는 자로서 그것에 대처하는 힘 또한 매우 미약하다. 그래서 이 같이 오염된 환경에서는 자신을 안온히 주지하기가 매우 어렵다. 끊임없이 육근을 통해서 온갖 오염된 연과 접촉하게 됨으로 인해 온갖 탐·진·치 등의 번뇌가 당신을 자재하지 못하게 만들 것이다. 바로 이러한 한 줄기 오염된 힘이 당신으로 하여금 수없이 여러 차례 생사 한가운데 전전하게 하고, 밤낮으로 계속해서 정도正道를 부지런히 닦도록 만든다. 예컨대 마음은 조금 안주하고 나면 이때 조그마한 외연의 방해가 출현해도 흩어져 버린다. 조금의 향상이 있어도 부주의하면 이내 떨어져 버린다. 이처럼 방해 요소가 매우 많고, 자신의 도력道力 또한 매우 미약하여 아무리 수행해도 성취하기가 어렵고, 불퇴전지에 들어가기가 더 더욱 어렵다.

용수보살龍樹菩薩께서 『대지도론大智度論』8)에서 이렇게 말씀하셨다.

"처음 발심한 보살은 아직도 불퇴전의 수기授記를 얻지 못하였다. 그는 상속하는 가운데 공덕이 미약하고, 선교방편이 부족하다. 이때 만약 모든 부처님을 멀리 여읜다면 선근을 잃고 무너지기가 매우 쉬우며, 번뇌에 빠지기 쉽다. 이렇게 자신조차도 제도·해탈할 수 없는데, 어떻게 중생을 제도할 수 있겠는가? 그래서 처음 배우는 자는 부처님을 멀리 여의지 말아야 한다. 부처님을 여의지 않는 가장 좋은 방법은 바로 청정한 불국토에 태어나는 것이다."

---

8) 『대지도론』: "어떤 보살이 보살위에 아직 들지 못하고 아직 아비발치를 얻어 수기를 받지 못한 까닭에 만약 모든 부처와 멀리 떨어져 다시 모든 선근이 파괴되고 번뇌에 빠져 스스로 제도할 수 없으니 어찌 다른 사람을 제도할 수 있겠는가!……보살이 아직 법위法位에 들어가지 못하고 모든 부처와 멀리 여의면 작은 공덕으로 방편의 힘이 없이 중생을 교화하고자 하나 비록 작은 이익일지라도 오히려 더 타락한다! 이런 까닭에 새로 배우는 보살은 모든 부처님을 멀리 여의지 말아야 한다."

또 용수보살께서는 『십주비바사론十住毗婆娑論』9)에서 말씀하셨다.

"세간의 길에는 가기 어려운 길이 있고 쉬운 길이 있는데, 육지로 걸어서 가는 것은 난행도가 되고, 수로로 배를 타고 가는 것은 이행도가 된다. 이와 마찬가지로 보살도 불퇴전지에 도달하기 위해서는 두 가지 길이 있다. (이른바 '불퇴전不退轉'이란 지금부터 더 이상 어떠한 외연의 방해에도 물러나 떨어지지 않고 일체공덕을 상속하여 끊임없이 증진하고 마침내 무상보리를 증득함을 가리킨다.) 난행도는 자신의 힘에 의존하여 부지런히 정진하여 한걸음 한걸음 장애를 끊고 공덕을 증상시키는 것이다. 탁한 세상에서 일반 범부의 경우 이것은 매우 힘들다고 말한다. 그렇지만 이행도를 걸어서 곧 아미타 부처님에 대해 신심을 일으키고, 극락정토에 태어나길 구하는 발원을 매우 간절하게 지니며, 믿음과 발원의 섭지攝持 하에 염불하면 아미타 부처님 본원바다의 섭수를 입어 극락세계에 왕생할 수 있다. 한번 왕생하여 곧 불퇴전지를 증득한다."

왜 물러나지 않을 수 있는가? 아미타 부처님께서 불가사의한 신통력으로 수행자를 주지하시어 어떠한 경계인연에도 모두 공덕을 증상하는 효과를

---

9) 『십주비바사론』 : "불법에는 무량한 문이 있다. 세간의 길에 어려운 길 쉬운 길이 있는데, 육로로 걷는 것은 괴롭고, 물길로 배를 타고 가면 즐겁다. 보살의 길 또한 이와 같아 부지런히 정진하는 길이 있고 방편을 믿음으로써 더 쉽고 빠르게 아유월치阿惟越致에 이르는 길도 있다."

일으킬 수 있기 때문이다. 우리 중생은 모두다 여래장이 있음을 알고 있다. 만약 더러움이 뒤섞인 인연을 배합하면 온갖 혹·업·고10)의 생사 현상現相이 출현할 것이다. 만약 청정한 인연을 따른다면 지혜와 자비력 등 온갖 공덕이 출현할 것이다. 아미타 부처님 본원의 바다는 바로 힘이 강한 증상연 增上緣이다. 단지 당신의 마음이 그것과 상응할 수 있다면 무상보리를 이루는 사업의 가피를 받아 자성이 본래 갖추고 있는 무량공덕의 바다가 끊임없이 현발하여 나올 것이다.

아미타 부처님 본원의 바다가 얼마나 불가사의한지, 생각해보라! 그것은 분명히 일체 중생이 모두 성불하는 크나큰 대원(宏願)이다. 아미타 부처님의 공덕행이 원만하고 불도를 원만히 이루었을 때 이 일체의 서원이 임운(任運; 있는 그대로 운영)하여 효과를 일으키기 시작한다. 시방세계에서 일체의 믿음과 발원을 구족한 중생은 모두 이로 인해 신속히 성불하는 희망이 생긴다. 아래로는 삼악취三惡趣의 중생도 일생에 극락국토에 들어가면 언제라도 아미타 부처님 본원바다의 가피를 받아서 신속히 무상보리를 증득할 수 있다.

---

10) 혹惑은 탐진치 말하며, 업業은 혹에 근거한 선악의 업을 말한다. 고苦는 업의 과보인 삼계유전三界流轉의 괴로움. 이 세 가지는 중생이 윤회하는 순서를 나타낸 것으로, 삼도(三道)라고 불리워짐.

극락세계에서는 유정들에게 성불하는 도의 조건을 이미 원만히 갖추게 할 수 있다. 극락세계의 일체 색깔·소리·향기·맛·촉감 등 무량무변의 미묘한 경계의 모습은 모두 다 왕생한 사람의 근문根門을 통해서 무량한 가피를 주입할 수 있고, 그리하여 중생에게 신속히 무상보리를 성취하는 이익을 내려주니, 절대로 헛되이 시간을 보내지 않을 것이다.

우리들이 현재 결정코 왕생을 구하는 마음을 일으키지 않았다면 교리상 이해가 투철할 수 없고, 지혜바다에 깊이 들어가 사유하지 못한다. 실제로 불경 안에 이미 아주 또렷하게 강설해 두었다. 우리들은 단지 기꺼이 이러한 측면에서 더 노력하여 믿음과 발원을 일으키기만 하면 어떠한 것도 어려운 일이 아니다. 그래서 『아미타경』을 학습하고 바로 또다시 이러한 법의에 인연하여 이치대로 사유하여야 한다고 말한다. 반복해서 복습하고 체득하여, 아미타 부처님의 위대함에 대해 시간이 지나갈수록 신심을 내어서 끊임없이 왕생을 희구하는 마음을 일으키고, 극락세계의 불가사의한 공덕에 대해 보다 깊이 체득하면 자신이 정말 큰 행운아임을 더욱 더 느끼게 될 것이다. 그래서 자신과 같은 업력의 범부도 이렇게 불가사의한 인연을 만날 수 있고, 아미타 부처님의 국토에 갈 수 있는 기회가 있을 수 있으니, 절대로 한번 뜻을 세우면 뒤돌아보지 말고 반드시 그 길로 가야 한다.

이처럼 당신이 극락세계의 공덕 장엄에 대해, 아미타 부처님께서 위없는 자비력을 성취하신 것에 대해 마음속으로 정말 믿고 받아들이면 이 속에는 한 점 한 방울도 지극히 불가사의하고, 삼계인천三界人天의 유루경계를 훨씬 뛰어넘으며, 보현행원을 신속히 원만히 이룰 수 있고, 불과를 신속히 성취할 수 있으므로 극락세계보다 더 나은 곳이 없음을 깊이깊이 믿게 된다. 만약 당신이 마음속으로 끊임없이 이와 같은 정토정감을 일으킬 수 있고, 끊임없이 극락세계에 대한 환희심·희구심을 증상시켜 오래오래 지속할 수 있다면 반드시 외부대상에 이끌리지 않는 경지에 굳건히 이르게 되고, 정말 극락왕생을 희구하는 마음으로 간절히 우러러 보며, 생각생각마다 극락세계로 신속히 태어나길 간절히 발원하게 되어 아미타 부처님의 품속으로 찾아들 것이다. 이와 같이 견고한 믿음과 발원이 있다면 극락세계에 왕생하는 것은 아주 희망적이다.

다음에는 극락세계의 대지 장엄을 풀이하겠다.

제6품 황금 대지의 장엄[金地莊嚴第六]

6-1

또 사리자여! 극락세계 청정불토에는 두루 펼쳐진 대지가 황금으로 이루어져 있고, 그 촉감이 부드러우며, 향기롭고 깨끗하며, 온통 광명으로 빛나고, 무량무변의 미묘한 보배가 사이사이를 장식하고 있느니라.

"又, 舍利子! 極樂世界淨佛土中, 周遍大地眞金合成, 其觸柔軟, 香潔光明, 無量無邊妙寶間飾."

[강기]

또 사리자여! 극락세계, 이 청정한 불국토에는 대지가 전부 황금으로 이루어져 있다. 모든 대지의 촉감은 매우 부드러워 발로 밟으며 걸어 갈 때 마치 솜털을 밟는 것처럼 쑥 들어갔다가 탄성이 있어 원상태로 돌아간다. 게다가 대지는 미묘한 꽃향기로 진동하고, 깨끗하며, 광명이 찬란하다. 대지는 무량무수의 미묘한 보배가 교차하면서 눈부시게 빛나며 서로 장엄하고 있다.

"황금으로 이루어져 있고", 극락세계의 지면은 황금으로 이루어져 있다. 당연히 이는 대지의 품질이 가장 수승하다는 것을 밝히기 위해 인간이 가장 귀중하게 여기는 황금으로 표시하였다. 실제로는 사바세계의 귀중한 보배로는 근본적으로 극락세계의 미묘한 보배 장엄을 형용할 수 없다.

"**그 촉감이 부드러우며**", 이 같은 귀중한 보배 대지는 색깔·소리·향기·맛·촉감·법의 오진장엄을 구족하고 있다. 그것은 촉감장엄을 지니고 있어 솜털처럼 부드럽다. 발로 밟을 때 탄성이 있어 몸이 매우 편안하고 쾌적하다. 우리들 세계는 이와 달리 발아래는 딱딱한 땅으로 탄성이 없다. 부지런히 걸어가야 하므로 매우 힘이 든다. 비록 천계의 대지도 인간의 그것보다 수승하여 탄성이 있어 밟으면 네 치 정도 쏙 들어간다고 할지라도 근본적으로 극락세계의 귀중한 보배 대지와는 비교할 수 없다.

"**향기롭고 깨끗하며 온통 광명으로 빛나고**", 모든 대지는 갖가지 미묘한 향기를 발산한다. 국토에는 청소부도 없고, 청소·위생청결 등등의 작업도 필요 없지만, 항상 조금도 썩은 냄새나 더럽혀진 모습도 없이 청정하다. 그리고 대지는 온통 광명으로 빛나고, 극락국토 곳곳에는 광명이 가득하여 어두운 곳을 찾아 볼 수 없다.

게다가 극락세계의 땅은 손바닥처럼 평평하여 울퉁불퉁 평평하지 않은 모습이 조금도 없다. 그러나 우리들이 사는 세계는 중생들의 청정하지 못한 공업共業의 습기習氣로 인해 곳곳마다 언덕, 구덩이, 장애물, 모래와 자갈 등의 더럽고 탁한 것들이 존재한다. 그리고 극락세계는 광대무변하여 아무리 멀리 보아도 아득하여 끝이 없다. 『왕생론』에서 "구경은 허공과 같고 광대함에 변제(邊際; 더 이상 없는 한계)가 없다"라고 한 것과 같다. 우리들 이 세계는 지면이 평탄하지 않고, 험난하며, 비좁고 협소하다. 만약 말 한 필로 평원을 달리면 경계가 매우 광활하고 평탄하여서, 마음속에 매우 쾌적하고 기쁜 느낌이 들 것이다. 그러나 극락세계와 비교하면 이들 사바세계의 경계의 모습도 실제로 그 차이가 아득하다. 진정으로 극락국토의 공덕장엄을 인식하여 극락정토에 대해 믿고 이해하게 되면 인간 세상의 풍경이 아무리 아름다울지라도 아무런 감흥을 느끼지 못할 것이다.

"무량무변의 미묘한 보배가 사이사이를 장식하고 있느니라." 극락세계의 대지는 무량무변의 미묘한 보배로 장식되어 있다. 어떤 것은 두 가지 보배로 이루어져 있고, 어떤 것은 세 가지 보배, 네 가지 보배 등등으로 이루어져 있다. 이처럼 극락국토의 대지는 백・천・만 가지 보배, 내지는 헤아릴 수 없이 많은 온갖 보배로 되어 있고, 갖가지 미묘한 보배가 교차하여 눈이 부실 정도로 서로 장엄하고 있다. 『관경觀經』에 따르면 극락세계는 지면 위에 기이하고 수려한 장엄이 있을 뿐만 아니라 대지 아래도 갖가지 미묘한 장엄상을 구족하고 있다. 지면 아래쪽은 온갖 보배로 이루어진 여덟 모서리의 보배기둥이 있고, 갖가지 광명이 불현듯 나타난다. 보배기둥이 지탱하고 있는 대지 위쪽 면은 황금 밧줄이 장식하고 있다.

이들 모든 오진 장엄은 전부 법성法性의 바다로부터 흘러나온다. 『왕생론』에서는 극락국토의 일체 장엄은 모두 "제일의제第一義諦 · 미묘한 경계의 모습(妙境界相)"이고, 아미타 부처님의 무량한 대원 · 대복덕을 증상연增上緣으로 삼는다고 말한다. 우리들이 극락세계에 왕생하면 이들 불가사의한 경계를 누릴 수 있다. 이는 석가모니 부처님께서 우리들에게 전해주신 기쁜 소식이자, 우리들 인생에서 가장 기쁜 소식이다.

6-2

사리자여! 저 불국토에는 이와 같은 등 갖가지로 미묘하고 아름답게 장식한 공덕장엄이 있어 매우 좋아하고 즐거워할 수 있나니, 이런 까닭에 극락세계라 이름하느니라.

"舍利子! 彼佛土中有如是等衆妙綺飾, 功德莊嚴甚可愛樂, 是故名爲極樂世界."

[강기]

석가모니 부처님께서는 다시 한번 사리자에게 권고하셨는데, 이는 당시 그리고 후세의 일체 불제자들에게 권고하신 것이다, 세존께서는 말씀하시길, "사리자여! 극락국토에서는 이와 같은 미묘한 장엄이 매우 많은데, 전부 공덕을 구족하여 사람으로 하여금 환희심을 내게 하나니, 이 때문에 「극락세계」라고 하느니라." 하였다.

그것은 견줄 수 없을 만큼 미묘한 국토임을 알아야 한다. 그것의 미묘함은 시각적으로 미감을 만족시킬 뿐만 아니라 전방위적인 미美이다. 그것은 원명圓明한 덕을 갖추고 있고, 어떠한 걸림도 없는 미이다. 현재 사람들이 즐겨 사용하는 '미美'란 글자는 일체의 행복, 기쁨, 안락 등등을 대표하는 글자이다. 그렇지만 진정한 '미'의 극치는 바로 아미타 부처님께서 본원의 바다를 성취한 것이다. 그것은 자애로운 아버지이신 아미타 부처님 본원 바다의 무량무변한 공덕이 펼쳐진 것이다. 그래서 그 세계에 태어나게 되면 분명히 큰 안락이고, 사람들로 하여금 큰 환희심을 불러일으킨다. 그래서 「극락세계」라 이름한다.

제7품 부처님께 꽃비 공양 올리다[雨花供佛 第七]

7-1 또 사리자여! 극락세계 청정불토에는 밤낮으로 여섯때에 항상 갖가지 아주 미묘한 하늘 꽃들이 비 오듯 내리는데, 그것은 광택과 향기를 발산하고 깨끗하며, 미세하고 부드러우며 여러 가지 빛깔로 찬란하나니, 보는 이의 몸과 마음을 쾌적하게 하고 기쁘게 하나 탐착하지 않게 하며, 유정들에게 무량무수의 불가사의하고 수승한 공덕을 증장시켜 주느니라.

"又, 舍利子! 極樂世界淨佛土中, 晝夜六時常雨種種上妙天華, 光澤香潔, 細軟雜色, 雖令見者身心適悅而不貪著, 增長有情無量無數不可思議殊勝功德.

[강기]

"게다가, 사리자여! 극락세계 청정불토에는 밤낮으로 여섯때에 언제나 각양각색의 미묘한 하늘 꽃들이 차례로 내려온다. 이러한 하늘 꽃들은 갖가지 기묘한 광택과 꽃향기를 지니고 있고 깨끗하며, 미세하고 부드러우며 여러 가지 빛깔로 찬란하다. 국토의 천인들이 이 꽃비를 볼 때 몸과 마음이 지극히 쾌적하고 희열을 느끼지만 마음속엔 조금의 탐착도 일어나지 않으며, 여전히 무량무수하고 불가사의한 수승한 공덕을 증장시키느니라."

"광택과 향기를 발산하고 깨끗하며, 미세하고 부드러우며 여러 가지 빛깔로 찬란하다." 이러한 허공으로부터 내려오는 꽃들은 색깔·소리·향기·맛·촉감·법의 오진장엄을 구족하고 있다. 그것들은 온갖 기이한 광택을 발산하고 있고, 국토 천인의 눈이 이 미묘한 광색에 한번 닿으면 매우 쾌적함을 느낀다. 또한 이러한 꽃들은 짙은 꽃향기를 발산한다. 이와 같을 뿐만 아니라 그것들의 외형은 청명하고 투철하며 조금도 먼지와 때가 없다. 몸에 접촉하였을 때 추호의 딱딱하고 거친 감각도 없이 매우 부드러움을 느낀다. 게다가 이러한 빛깔로 찬란한 꽃들이 대지 위로 떨어질 때 저절로 온갖 미묘한 도안을 조성한다. 모두 떨어진 후에는 저절로 대지 속으로 모습을 감춘다.

사바세계에서 우리들은 이따금 불꽃놀이를 즐긴다. 공중에 형성된 각종 도안은 매우 미묘한 느낌을 자아내고, 이러한 경계의 모습을 보면 매우 상쾌하고 매우 흥분된다. 그러나 실제로 이것은 인류에게 지극히 유한한 행복에 그친다. 슬프게도 아름다운 볼거리가 사라진 후 근본적으로 환희롭고 희구할만한 가치가 더 이상 없다.

극락세계의 꽃비는 일체 세간의 아름다운 볼거리 보다 훨씬 더 뛰어나다.

매일 여섯 차례 임운하여 저절로 허공에서 꽃비가 내린다. 그리고 어떠한 착란도 나타나지 않고, 어떠한 좋지도 기쁘지도 쾌적하지도 않은 경계의 모습도 없다. 보고 난 후에는 애수의 감정도 혐오의 감정도 생기지 않고, 탐욕 등의 번뇌, 허물도 나타나지 않는다.

효과 면에서 "비록 보는 이가 몸과 마음이 쾌적하고 기뻐하나 탐착하지 않는다." 통상적으로 말해 만약 몸과 마음이 쾌적하고 기뻐하나 마음에 문득 염착심이 생기고 윤회로 이끄는 더러움이 뒤섞인 인연이 나타나게 마련이다. 극락세계는 이러한 점이 발생할 우려가 전혀 없다. 그래서 국토의 천인들은 몸과 마음에 기쁨과 즐거움을 느끼는 동시에 지극히 청정하고 탐착이 없다. 이로부터 아미타 부처님께서는 실로 자비심이 최고 정점에 이르셨음을 알아차릴 수 있다. 그분께서는 당장 일체의 안락을 문득 중생들에게 선사하고 싶어 하시고 게다가 절대로 털끝만큼도 부정적인 영향을 끼치지 않으려 하신다. 그래서 극락세계에 태어난 후 아미타 부처님 본원의 바다에 주지하는 힘으로 중생에게 일념의 탐착하는 마음도 일어나지 않게 하신다. 성냄·오만·시기 등의 다른 번뇌도 전혀 일어나지 않는다.

"무량무수의 불가사의하고 수승한 공덕을 증장시키느니라." 이뿐만 아니라 이러한 기뻐하는 경계의 모습에 접촉하여 몸과 마음이 수승하고 미묘한 기쁨과 즐거움을 느낀 후에 적정寂靜·안연安然 속으로 들어간다. 게다가 수증(修證; 수행과 깨달음)의 경계를 대폭 제고시키고, 무량무변하고 불가사의한 수승한 공덕을 증장시킨다. 이와 같이 한번 이러한 장엄묘상을 보면 이러한 불가사의한 가피를 얻을 수 있고 수행경계도 이와 같이 크게 제고시킬 수 있다. 일생에 극락정토에 들어가 언제나 이러한 경계의 모습을 볼 수 있게 되면 공덕은 결정코 신속히 증장하고 무상보리를 빨리 증득할 것이다.

다음으로 한 걸음 더 나아가 국토의 천인들이 이와 같은 미묘한 꽃들을 모든 부처님께 공양하는 공덕장엄을 풀이하겠다.

7-2

저 유정들은 밤낮으로 여섯때 언제나 무량수불께 공양하고, 매일 새벽마다 하늘 꽃을 손에 쥐고, 밥 한 끼 먹는 짧은 시간에 타방의 무량세계로 날아가서 백천 구지 모든 부처님께 공양을 올리고, 모든 부처님 각자의 처소에서 백천 구지 꽃나무를 손에 쥐고 뿌리며 공양하고, 본래 자리로 돌아와서 하늘을 거닐거나 머물러 계시니라.

> 彼有情類, 晝夜六時常持供養無量壽佛 ; 每晨朝時, 持此天華, 於一食頃, 飛至他方無量世界, 供養百千俱胝諸佛, 於諸佛所各以百千俱胝樹花持散供養, 還至本處遊天住等.

[강기]

"극락국토의 유정들은 밤낮으로 여섯때에 언제나 이들 공중에서 날려 떨어지는 매우 미묘한 하늘 꽃들을 손에 쥐고 아미타 부처님께 공양을 올린다. 게다가 매일 새벽마다 하늘 꽃을 손에 쥐고 한 끼 식사 시간에 타방의 무량세계로 날아가 백천 구지 수의 모든 부처님께 공양을 올린다. 한 분 한 분 부처님 앞에서 모두 백천 구지의 꽃나무를 손에 쥐고 꽃을 공중에 뿌리며 공양을 올린다. 공양을 마치면 본국으로 돌아가서 어떤 이는 공중에서 경행을 하고, 어떤 이는 편안히 머무는 등의 수행을 하기도 한다."

이것은 아미타 부처님의 대원에서 "모두다 하늘을 나는 신족통을 얻게 하겠다는 원(皆得神足飛行願)"과 "일시에 두루 모든 부처님께 공양을 올리겠다는 원(一時普供諸佛願)"을 진실로 성취한 것이다.

"밥 한 끼 먹는 짧은 시간에 무량한 타방세계로 날아가서", 우리들은 극락세계에 왕생하면 밥 한 끼 먹는 매우 짧은 시간에 백천 억 나유타의 모든 불국토로 날아간다. 아미타 부처님의 대원에서는 "제가 부처가 될 때 국토의 천인이 신족통을 얻어 한 생각 사이에 백천 억 나유타 수의 모든 불국토에 이르지 못하면 정각을 취하지 않겠나이다."라고 하였다. 법장보살께서는 극락국토의 천인이 만약 일찰나의 시간에 백천 억 나유타의 수를 초과하는 모든 불국토에 있을 수 없다면 나는 정각을 취하지 않겠다고 발원하셨다. 현재 아미타 부처님께서는 대비심으로 본원의 바다를 이미 원만히 성취하셨고, 일체 유정들이 두루 시방세계에 이르게 하겠다는 서원을 원만히 실현하셨다.

현재 인류는 과학기술 분야에서 약간의 성취를 이루었고, 달에 등정하겠다는 이상을 실현한 것만으로도 이미 대단하다고 생각한다. 그러나 실제로 이른바 달 등정 등등은 욕계천인이 신족통을 성취한 것과도 같이 논할 수 없다. 극락세계 천인들의 신족통은 욕계천인의 신통력보다 수만 배나 뛰어나다. 극락세계의 신족통과 비교하면 인류가 달에 등정한 것은 아무것도 아니다. 그래서 "사바세계에서 상상인 노릇하느니, 차라리 서방극락세계에서 하하품으로 태어나겠다."라고 말한다.

예컨대 현재 다른 국가로 가서 체류하려면 반드시 비행기를 타야 한다. 비록 다른 교통수단에 비해 빠를지라도 매우 오랜 시간 비행기를 타야 목적지에 도달할 수 있다. 그러나 극락세계에 왕생한 후에는 대단히 편리하다. 아미타 부처님의 가피를 얻기만 하면 우리는 즉시 법계를 운행하는 스페이스 셔틀(우주연락선)이 된다. 비행속도는 단연코 비행접시 보다 수 만 배나 빠르다. 그리하여 단지 밥 한 끼 먹는 시간만 있으면 시방세계를 한 걸음에 달려갈 수 있다. 동방·서방·남방·북방·상방·하방 등등을 가리지 않고, 일찰나에 무수히 몸을 분신하여 시방세계로 두루 들어갈 수 있다.

"백천 구지 모든 부처님께 공양을 올리고", 당신이 일생에 극락세계에 들어가면 그때부터 법계의 허공에서 독수리처럼 날개를 펴고 선회하며 날 수 있다. 밥 한 끼 먹는 짧은 시간에 어떤 국토이든 헤아릴 수 없는 세계로 날아가서 백천 구지 수의 모든 부처님께 공양할 수 있다. 아미타 부처님 대원에서는 "만약 제가 부처가 될 때 국토의 보살들은 부처님의 위신력을 입어 모든 부처님께 공양하고 밥 한 끼 먹는 사이에 무량 억 나유타 수의 모든 불국토에 두루 이르지 못한다면 정각을 취하지 않겠나이다."라고 하였다. 말하자면 일생에 극락세계에 이르면 아미타 부처님의 위신가피를 얻어 일시에 수많은 불국토로 두루 들어가 무량제불을 공양하는 능력을 가질 것이다. 이는 바로 보현십대원普賢十大願 중에서 "공양을 널리 닦겠다는 원(廣修供養願)"을 진정으로 실현하는 것이다. 극락세계에 왕생하면 일시에 수많은 불찰로 들어가서, 갖가지 미묘한 자구資具로써 무량제불께 공양할 수 있다.

그래서 우리들은 아미타 부처님 본원 바다와 보현행원 두 가지를 서로 결합시켜야만 비로소 우리들이 현재 날마다 『보현행원품普賢行願品』을 염송하는 것이 결코 구두상의 이상이 아님을 이해할 것이다. 비록 아무리 중시하고 있다 할지라도 불가사의한 보현 만행普賢萬行을 거의 행지行持할 수 없음을 알아야 한다. 그러나 사실상 진정으로 그것들을 실현하는 것은 결코 그리 요원한 일도, 그리 곤란한 일도 아니다. 왜냐하면 아무리 많더라도 몇 십 년의 시간만 있으면 우리들은 믿음과 발원을 구족하여 극락세계에 다녀올 수 있다. 그러나 극락세계에 한번 왕생하면 지극히 짧은 시간 안에 이들 대원을 전부 다 실현할 수 있다. 그래서 우리들은 『보현행원품』을 염송할 때 마다 뛸 듯이 기뻐하며 경문의 의미를 따라 발원해야 한다. 때가 이르러 극락세계에 한번 왕생하면 바로 "저 대원들을 눈앞에서 성취"하여, 일체 보현행원을 전부 다 재빠르게 성취할 수 있다.

그래서 극락정토 법문은 일체법계로 두루 들어가는 미묘한 문이다. 서방에 태어남은 일체방위에 태어남이고, 한 분 부처님을 친견함은 일체 부처님을 친견함이다. 만약 극락세계 왕생을 통하지 않고 일체에 두루 들어가는 경로를 만들어야 한다고 하면 대다수 사람의 경우 보현행원을 신속하고 원만하게 이루는 것은 매우 곤란할 것이다.

아미타 부처님께서 광겁曠劫의 오랜 세월 이전에 어떻게 해야 보현행원을 신속하고 원만하게 이룰 것인가 깊이 사유하셨다. 이 목표를 실현하기 위해 48대원을 위주로 갖가지 서원을 발하셨다. 그 후 무량겁 동안 공덕을 쌓아 이들 대원을 원만히 성취하셨다. 이로 인해 일체 불가사의한 일들이 조금도 착오 없이 현전한다. 그래서 정토법문 전체는 불가사의하다.

우리는 이 점에 대해 지극히 큰 환희심을 일으켜야 함을 알고 있다. 서방정토에 왕생하는 것에 대해 가슴속 깊이 열정이 가득하여야 한다. 한번 이러한 것들을 생각하면 마음속에서 말로 다할 수 없는 환희심이 생겨날 것이다. 그러나 많은 사람들의 마음속은 여전히 정토에 대한 깊은 믿음과 간절한 발원으로 충만하지 못하다. 신앙이 진실하지 못하면 마음속 깊이 들어가지 못해서 모든 사람의 활기는 그다지 크지 않을 것이다.

만약 마음속으로 정토에 태어나길 구하는 서원을 진정으로 세울 수 있다면 다음다음의 일체 행지行持가 저절로 모두 현현할 수 있다. 염불할 때 더 이상 원기가 쇠퇴하여 활기가 없어지고, 소극적이며 스스로를 비하하는 심리상태가 되지 않을 것이다. 더 이상 정업수행을 따분하고 무미건조하며 단조로운 행위라고 여기지 않을 것이다.

7-3

사리자여! 저 불국토에는 이와 같은 등 갖가지로 미묘하고 아름답게 장식한 공덕장엄이 있어 매우 좋아하고 즐거워할 수 있나니, 이런 까닭에 극락세계라 이름하느니라.

"舍利子! 彼佛土中有如是等衆妙綺飾, 功德莊嚴甚可愛樂, 是故名爲極樂世界."

[강기]

세존께서는 다시 한번 강조하셨다. "사리자여! 극락국토에는 이처럼 매우 많고 많은 미묘 장엄이 있다. 갖가지 불가사의한 공덕 묘상을 구족하고 있어 사람이 이를 보면 견줄 수 없을 만큼 큰 환희심을 낸다. 그래서 「극락세계」라 부른다."

실제로 정말 극락세계에 왕생하면 반드시 경사스럽고 행복한 마음이 깊이 들 것이다. "처음에는 석가모니 부처님께서 그렇게 자비심으로 나를 가르치셨는데, 다행히도 나는 선연善緣이 있는 사람이어서, 부처님 말씀을 신봉하고 믿음과 발원을 일으켜서 오늘에야 이곳에 왕생하게 되었다. 이제 보니, 부처님의 가르침은 과연 진실하여 헛되지 않아서 극락세계는 이렇게 수승하고 기묘하며 아름다워 불가사의하구나!"라는 생각이 들 것이다.

다음으로 극락국토의 영묘한 새들이 묘법을 널리 알리는 공덕장엄을 풀이하겠다.

제8품 영묘한 새들의 설법[靈禽說法第八]

8-1

또 사리자여! 극락세계 청정불토에는 항상 갖가지 기묘하고 좋아하는 여러 빛깔의 온갖 새들이 있나니, 이른바 백조·추로·백학·공작·앵무새·가릉빈가·명명새이니라. 이와 같은 여러 새들이 밤낮으로 여섯 때에 항상 같이 모여서 잘 어울리고 청아한 소리를 내어서 그 부류에 따라 묘법을 선양하나니, 이른바 사념주·사정단·사신족·오근·오력·칠보리분·팔성도지 등의 무량한 묘법으로 저 국토의 중생들이 이 소리를 듣고 나서, 각자 부처님을 생각하고, 불법을 생각하고, 승가를 생각하여 무량한 공덕이 그 몸에 배이도록 닦느니라.

"又, 舍利子! 極樂世界淨佛土中, 常有種種奇妙可愛雜色衆鳥, 所謂: 鵝鴈·鴛鴦·鴻鶴·孔雀·鸚鵡·羯羅頻迦·命命鳥等. 如是衆鳥, 晝夜六時恒共集會, 出和雅聲, 隨其類音宣揚妙法, 所謂: 甚深念住·正斷·神足·根·力·覺·道支等無量妙法. 彼土衆生聞是聲已, 各得念佛·念法·念僧, 無量功德熏修其身.

[강기]

 "또 사리자여! 극락세계 청정불토에는 언제나 각양각색의 기묘하고 좋아하며, 화려하고 아름다운 여러 가지 빛깔의 새들을 볼 수 있다. 이 세계에 알려진 새의 이름으로 말하면 백조·추로(사리)·백학·공작·앵무새·가릉빈가·명명조(공명조) 등이 있다. 이들 새는 밤낮으로 여섯때 한곳에 모여 잘 어울리고 청아한 소리를 내니 듣는 사람의 근기와 의요(意樂; 목적을 향해 나아가는 마음) 등에 따라 온갖 묘법을 널리 알렸다. 사념처四念處·사정단四正斷·사신족四神足·오근五根·오력五力·칠보리분七菩提分·팔성도분八聖道分 등 37도품三十七道品으로 거두어지는(所攝) 매우 깊은 무량한 묘법이다. 극락국토의 중생들이 이들 법음을 들은 후 모두 부처님을 생각하고, 불법을 생각하며, 승가를 생각하는 등등의 수행을 할 수 있다. 무량한 공덕이 국토 중생의 몸과 마음속으로 배어들기 때문이다."

 우리의 이 세계에는 형상이 미묘하고 소리가 낭랑하고 구성지며, 듣기 좋은 새들이 있지만, 그 새들은 단지 보통 축생(傍生)인 조류일 뿐 묘법을 널리 알리지는 않는다. 그러나 극락세계의 새들은 모두 아미타 부처님의 화현化現으로 부처님께서 중생을 이롭게 하는 사업을 행지行持할 수 있다. 구체적으로 말하면, "이와 같은 여러 새들이 밤낮으로 여섯때에 항상 같이 모여서 잘 어울리고 청아한 소리를 낸다." 극락세계에 있는 새들은 매일 여섯때에 한곳에 함께 모여서 미묘하고 부드럽고 청아하며, 매우 듣기 좋은 소리를 들려준다.

"그 부류에 따라 묘법을 선양한다." 이들 새는 집단적인 설법자이다. 그들은 중생의 종류, 근성에 따라 묘법을 널리 알릴 수 있다. 이들 영묘한 새들은 법을 널리 알릴 때 여러분도 다 각자의 의요意樂에 따라 상응하는 정법正法을 듣는다. 말하자면 "부처님께서는 일음一音으로 설법하고, 중생은 부류에 따라 각자 이해한다." 여기서 이들 새는 실제로 아미타 부처님의 화현임을 알아챌 수 있다. 그래서 '새 부처님(鳥佛)'이라고 한다. 『왕생론』에서 말씀한 것처럼, 이 일체의 미묘한 장엄상莊嚴相 전부는 "진실지혜眞實智慧 무위법신無爲法身"으로 거두어진다.

이들 영묘한 새들은 어떤 법을 널리 알리는가? "이른바 사념주·사정단·사신족·오근·오력·칠보리분·팔성도지 등의 매우 깊고 무량한 묘법이다." 그들은 사념처·사정단사신족·오근·오력·칠보리분·팔성도분 등 37도품으로 거두어지는 매우 깊고 무량한 묘법을 널리 펴셨다. 왜냐하면 37보리분은 바로 보리의 법류를 원만히 성취한 것으로 그 속에는 가장 먼저 사념처로 시작하여 최종적으로 보리의 원만성취에 이르는 일체도과道果로 거두어지는 묘법이다.

그들은 무량한 묘법의 효과를 어떻게 널리 설법하는가? "저 국토의 중생들이 이 소리를 듣고 나서, 각자 부처님을 생각하고, 불법을 생각하고, 승가를 생각하여 무량한 공덕이 그 몸에 배이도록 닦는다." 극락국토의 중생은 이 미묘한 법음을 들은 후 모두 다 부처님을 생각하고, 불법을 생각하고, 승가를 생각할 수 있다. 이로써 무량한 공덕이 국토 천인의 몸과 마음 한가운데로 배여들 것이다. 『대세지보살염불원통장大勢至菩薩念佛圓通章』에서 말한 것처럼, "마치 향기를 물들이는 사람이 몸에 향기가 배어드는 것과 같으니, 이것을 향광장엄이라 이름한다(如染香人身有香氣, 此則名爲香光莊嚴)." 이 말은 향을 만드는 공장에서 일하는 사람은 장시간 향기 속에 잠겨있어 그의 몸은 저절로 향냄새에 물든다는 뜻인데, 이것이 '훈熏'의 뜻이다.

마찬가지로 당신이 극락세계 안에 몸을 두면 일체 영묘한 새들이 모두다 설법자를 담당한다. 그들은 사무애四無礙의 변재辯才11)를 가지고 있어 연이어 끊임없이 무량무변한 법음을 들려준다. 이들 묘법은 귀로부터 당신의 마음속으로 배어든다. 말하자면 당신은 이들 법음을 한번 들으면 문득 법의 가피를 받고 법의 분위기 속에 잠긴다. 이로써 법이 당신의 마음을 촉촉이 적셔준다. 온갖 신심·지혜·자비 등의 공덕이 모두 점차 배어들 것이다. 이렇게 오랜 시일이 지나가면 당신은 조금도 힘을 낭비하지 않고 무생법인을 깨달아 들어갈 수 있다. 그래서 일생에 극락세계에 들어가기만 하면 일체공덕이 모두 순조롭게 성취된다. 왜냐하면 환경의 인연은 각각의 측면에서 온통 당신을 가피하여 당신의 마음을 바로 정법에 편안하게

---

11) 4가지 자유자재한 이해와 변설의 능력. 가르침에 정통한 법무애法無礙·가르침의 의미내용에 정통한 의무애義無礙·언어에 정통한 사무애辭無礙·이상의 세 가지 무애에 의해 자유롭게 설법하는 요설무애樂說無礙를 말한다.

두기 때문이다.

이와 같이 아미타 부처님의 교육법은 신묘하고 지극함을 알 것이다. 그분께서는 일체 중생의 마음 상태에 순응하여 무량무변의 묘상장엄妙相莊嚴을 화현하신다. 중생이 한번 극락정토에 태어나면 공중으로부터 매우 많은 백학·공작·앵무·사리 등의 기묘하고 여러 가지 빛깔의 새들이 날아올 것이다. 중생들이 이들 미묘한 경계의 모습을 한번 보고 이들 듣기 좋은 소리를 한번 들으면 문득 말로 비유하기 힘든 환희심과 즐거운 느낌이 일어난 후 마음은 평안하고 고요해지며, 그리고 묘법을 듣고 받아들일 수 있는 법기法器가 된다. 뒤이어 법음은 왕생한 사람의 마음속으로 신속히 전해져서 마음속에서 갖가지 선근을 이끌어 낸다. 이와 같이 무량한 공덕은 마음속으로 배어든다.

다음은 석가모니 부처님께서 일부로 사리자에게 후세 사람들을 위해 의심을 풀어주기 위해 질문을 하였다.

8-2

사리자여! 그대는 어떻게 생각하는가? 저 국토의 여러 새들이 어찌 축생의 악취에 속할 것인가? 이런 견해를 짓지 말라. 왜 그러한가? 저 불국정토에는 삼악도가 없나니, 삼악취라는 이름도 있다고 듣지 못했거늘, 하물며 실제로 죄업으로 불러들여진 축생이 있겠는가? 여러 새들은 모두 다 무량수불께서 그로 하여금 무량한 법음을 선양하여, 모든 유정에게 이익과 안락을 주시고자 변화로써 지은 것임을 마땅히 알라.

> 汝舍利子, 於意云何? 彼土衆鳥豈是傍生惡趣攝耶? 勿作是見. 所以者何? 彼佛淨土無三惡道, 尙不聞有三惡趣名, 何況有實罪業所招傍生! 衆鳥當知皆是無量壽佛變化所作, 令其宣暢無量法音, 作諸有情利益安樂.

[강기]

세존께서 말씀하셨다. "그대, 사리자여! 당신은 어떻게 생각하는가? 저 극락국토에 있는 새들이 설마 축생인가, 악취로 섭수된 중생인가? 이러한 견해를 내지 말라. 왜 그러한가? 저 아미타 부처님의 청정불토에는 삼악취三惡趣가 없는데, 악취의 사실이 없을 뿐만 아니라 삼악취란 이름조차도 모두 들을 수 없고, 또한 어떻게 실제로 죄업으로 감응된 축생류의 새가 있겠는가? 이들 영묘한 새들은 모두 다 아미타 부처님께서 이들 새로부터 무량한 범음이 걸림 없이 흘러나올 수 있게 하여 국토의 중생을 위해 온갖 이익과 안락을 줄 수 있도록 변화로써 지은 것임을 알아야 한다."

우리들은 아미타 부처님께서 극락의 수승하고 미묘한 법계의 기술자, 예술가, 신통변화 운영자(神變者)이심을 알아야 한다. 그분께서는 일체중생들이 일체의 몸과 마음 속 근심과 고뇌를 영원히 여의고, 무량하고 청정한 기쁨과 즐거움을 누리도록 실현하는 분이시다. 그래서 그분께서는 일체의 신묘한 방편을 운영하여 중생들에게 어떤 종류의 몸으로도 감응하여 제도하고 어떤 종류의 몸으로도 나타나 널리 설법하신다. 그 종류와 형태는 무량무변하여 한 가지 방편에만 구애되지 않는다. 정토에 왕생하는 한 부류의 중생의 경우 영묘한 새로 화현하는 방식으로 제도할 수 있다. 그래서 아미타 부처님 본원의 바다로부터 저절로 무량 무수한 백학·공작·앵무·사리 등의 조류가 나타난다. 그래서 새는 새 부처님이고, 새의 소리는 부처님의 법음이며, 새가 하는 일은 바로 부처님의 사업이다.

이 점을 이해한 후 극락세계에 있는 일체 사물은, 예컨대 대지, 보배 숲, 연못, 연꽃, 광명, 미묘한 바람 등등은 모두다 그것의 체성이 지극히 불가사의함을 알아야 한다. 한 가지 사물, 그것이 어떤 것이든 모두 다 중생에게 무량한 이익과 안락을 준다. 한 가지 미묘한 모습, 그것이 어떤 것이든 모두 다 아미타 부처님 본원 바다의 가피를 중생의 마음속으로 들어가게 하는 매개체이다. 그래서 여기까지 배우고 나서 더 이상 "극락세계란 무슨 뜻인가, 황금이 땅이 되고 칠보가 연못이 되는 것은 무슨 뜻인가······ 금·은·진주가 매우 많은 것에 불과하다!"라고 생각하지 말라. 일체의 시설施設은 바로 아미타 부처님의 영명靈明한 묘심妙心으로부터 흘러나오는 것이고, 모두 다 자애로운 아버지이신 아미타 부처님께서 다생 이래 공덕을 쌓고 대원을 원만히 한 성과이며, 우리들에게 가장 큰 요익饒益이며, 가장 불가사의한 이타利他의 성취이다.

일체 불가사의는 최종적으로 아미타 부처님의 광명·명호의 불가사의로 돌아갈 수 있다. 당신이 마음속으로 이들 법의에 대해 전부 융통한 후 다시 「아미타불」이 한마디를 염하면 이 부처님 명호, 한 소리에 일체의 공덕장엄이 함섭含攝되어 있음을 분명히 이해하게 될 것이다. 그때 당신은 이 한 마디 명호를 염하는 것을 바꾸지 않을 것이다. 최후까지 염念하여 극락세계에 태어날 것이다. 아미타 부처님 본원의 바다에 행해진 승낙은 털끝만큼도 헛되지 않는 것임을 진정으로 체득할 것이다.

그래서 우리들은 이것에 대해 굳건한 신해를 일으켜야 한다. 곧 이른바 승해勝解의 믿음을 일으켜야 한다. 이런 신해를 가지게 되어야 일체 정업淨業에 대해 핵심이 생기고, 시동을 걸어 정말 시작할 수 있다. 사람의 신체에 대해 가장 중요한 것은 심장이고, 심장이 있어야 비로소 혈액의 흐름, 기관의 운행 등등이 있다고 말하거나, 혹은 한 대의 비행기가 가장 중요한 것은 바로 그것의 엔진이고, 엔진이 망가지면 바로 근본적으로 공중에서 선회하며 날수 없다고 말하는 것과 같다. 이와 마찬가지로 우리들이 자재하게 극락정토에 왕생하여 시방법계에 선회하며 날고 싶으면 그 관건은 진실한 믿음과 간절한 발원에 있다. 신심이 원만해지고 뜻과 원이 견고해져서 동요가 없을 때 당신은 한 마음으로 정토로 향해 가고, 이렇게 하면 순조롭게 왕생할 수 있다.

8-3

사리자여! 저 불국토에는 이와 같은 등 갖가지로 미묘하고 아름답게 장식한 공덕장엄이 있어 매우 좋아하고 즐거워할 수 있나니, 이런 까닭에 극락세계라 이름하느니라.

"舍利子! 彼佛土中有如是等衆妙绮飾, 功德莊嚴甚可愛樂, 是故名爲極樂世界."

[강기]

석가모니 부처님께서는 다시 한번 말씀하셨다. "사리자여! 그 불국토에는 이와 같은 미묘장엄이 매우 많고, 하나하나 모두다 뚜렷이 밝아 덕을 갖추고 있다(圓明具德). 그것은 지극히 좋아할 수 있고 사람으로 하여금 마음을 기쁘게 해주는 세계이다. 그래서 「극락세계」라고 한다."

우리들은 이들 경문을 학습하여 꼭 내재(심층)적인 정토 정감을 길러야 한다. 극락세계를 자신의 고향으로 삼아야 한다. 자신의 고향을 사랑해야 하고, 아침저녁으로 마음마음, 생각생각에 서둘러 고향집 정원으로 돌아가고 싶어야 한다. 우리들은 현재 이국타항에 거주하고 떠돌아다니며 유랑하는 사람과 같이 길 위에 펼쳐지는 산과 물, 온갖 풍경에 모두 다 미련이 없어야 하고, 다른 사람과 아무것도 다툴 필요가 없다. 우리들은 단지 서방정토만을 좋아하고, 단지 극락고향으로 돌아가고 싶어 할 뿐이다. 극락정토에 있는 물 한 방울, 나무 한 그루, 꽃 한 송이, 새 한 마리에 대해 확실히 마음 깊은 곳에서부터 좋아하고, 마음 깊은 곳에서부터 그리워한다. 그것은 낮에도 밤에도 생각하고, 꿈속에서 조차도 그리워하는 일이다. 한번 생각하면 마음속에 진실한 환희심이 있고, 우리의 말에서 우리의 감정에서 그대로 나타난다. 이런 마음이 있고, 이런 표현이 있어야 비로소 괜찮다. 만약 이 같은 지극한 마음으로 믿고 즐거워하며, 뛸 듯이 기뻐하는 상태가 없다면 극락정토에 대한 마음이 매우 무감각하고, 매우 냉담할 것이다. 어떠한 터치도 없다면 근본적으로 정말 왕생을 기쁜 마음으로 구하는 정업행자라고 말할 수 없다. 이렇게 조금도 정토 분위기가 없고, 더 이상 확고부동한 수행이 불가능하다면 왕생하기 매우 어렵다.

그래서 여러분들은 꼭 이 방면에 힘써 공부하고 반복해서 심혈을 기울여 이들 법요를 사유하여야 한다. 직접 극락세계의 공덕장엄에 대해 끝까지 승해의 믿음을 일으켜야 한다, 진정으로 신심과 발원심이 있어야 비로소 이번 생에 결속한 때에 극락세계에 왕생하고 윤회로부터 철저히 해탈할 것이다.

다음은 극락세계에 있는 바람이 나무에 불어와 그물에서 나는 소리로 불사를 하는 공덕장엄을 풀이하겠다.

제9품 바람과 나무의 음악소리[風樹樂音第九]

9-1

또 사리자여! 극락세계 청정불토에는 항상 미묘한 바람이 불어와 보배나무와 보배그물을 흔들 때 미묘한 소리가 나니, 비유컨대 백천 구지의 천상 음악이 동시에 함께 연주되듯이 미묘한 소리가 울려 퍼져서 매우 좋아하며 감상하느니라. 이와 같이 저 국토에는 항상 미묘한 바람이 여러 보배나무와 보배그물에 불어와 갖가지 미묘한 소리를 내며 갖가지 법을 설하니, 저 국토의 중생들은 이 소리를 듣고 나서 부처님·불법·승가를 생각하고, 정념·작의 등의 무량한 공덕이 일어나느니라.

"又, 舍利子! 極樂世界淨佛土中, 常有妙風吹諸寶樹及寶羅網出微妙音. 譬如百千俱胝天樂同時俱作, 出微妙聲甚可愛玩; 如是彼土常有妙風吹衆寶樹及寶羅網, 擊出種種微妙音聲說種種法. 彼土衆生聞是聲已, 起佛·法·僧·念·作意等無量功德.

[강기]

석가모니 부처님께서 계속 말씀하셨다. "또한, 사리자여! 극락세계이 청정한 국토에는 언제나 미묘한 바람이 불어와 칠보나무와 나무 사이, 허공 가운데 미묘한 보배나망을 흔든다. 이때 보배나무와 보배나망에서는 마치 백천 만 억의 천상음악이 동시에 연주되는 소리처럼 미묘한 소리가 울려 퍼진다. 이 같은 미묘한 소리를 한번 들려주면 사람들이 너무나 기뻐한다. 이와 같이 극락국토에는 항상 온갖 미묘한 바람이 불어 여러 가지 보배나무와 보배나망을 움직이고 부딪히면서 각양각색의 미묘한 소리가 난다. 이들 소리는 온갖 불법을 두루 알린다. 극락국토에 있는 중생들은 이들 법음을 들은 후 문득 부처님을 생각하고, 불법을 생각하며, 승가를 생각하는 마음과 정념·작의·삼매·지혜 등 무량공덕을 일으키느니라."

"항상 미묘한 바람이 불어와 모든 보배나무와 보배그물을 흔들 때," 허공에는 언제나 미묘한 바람이 일어나 나무와 나망을 가볍게 스치며 지나간다. 『관경』12)에 따르면, 극락국토의 나무 위에는 갖가지 미묘한 진주그물이 덮고 있다. 한 그루 한 그루 나무 위에는 칠보나망이 있고, 보배그물 사이에는 오백억 좌의 미묘한 꽃 궁전이 있다. 허공에는 한층 한층 보배나망이 종횡으로 서로 엮여 허공을 두루 덮고 있다.

"미묘한 소리가 나니, 비유컨대 백천 구지의 천상 음악이 동시에 함께

---

12) 『불설관무량수불경佛說觀無量壽佛經』: "미묘한 진주나망이 나무 위를 덮고 있고, 한 그루 한 그루 나무 위에는 칠겹의 그물이 있고 하나하나의 그물 사이에는 오백억의 미묘한 꽃 궁전이 있다."

연주되듯이 미묘한 소리가 울려 퍼져서 매우 좋아하며 감상한다." 미묘한 바람이 나망을 흔들 때 온갖 미묘한 소리가 울려 퍼지는데, 마치 무량무수의 천상 음악이 동시에 연주되는 소리와 같다. 그렇지만 이 세계의 교향악은 각양각색의 악기로 연주하여 교향악성(交響性) 및 풍부한 표현력을 지니고 있고, 깊고 격조 있는 장중함과 풍부한 예술 감화력을 내포하고 있어 청중을 의경意境 속으로 데리고 갈 수 있지만, 극락세계의 미묘한 음악과 비교하면 수만 배나 떨어진다. 바람이 불어와 나무와 그물을 흔들어 생기는 소리는 세계에서 가장 위대하고 가장 불가사의한 교향악이다. "백천 구지"란 1백에 1천을 곱하고 다시 1억을 곱한 숫자이다. 이렇게 종류가 많은 천상 음악이 동시에 연주되니, 이 세계 최대의 교향악단과 비교하면 몇 배나 미묘한지 모른다! 이렇게 미묘한 소리를 사람들에게 한번 들려주면 좋아하고 사랑하는 마음이 무엇과도 견줄 수 없을 만큼 일어난다.

게다가 갖가지 미묘한 소리는 끊임없이 온갖 법의를 널리 알린다. 삼보의 법·자비의 법·공성의 법·여래광명의 법 등등을 널리 설법한다. 이들 묘법은 한번 귀에 전해지면 즉시 효과가 발생하여 듣는 자로 하여금 마음속에 저절로 무량한 공덕이 나타나게 할 수 있다.

위에서 설명한 영묘한 새와 바람과 나무의 음악소리는 아미타 부처님 본원 바다 중에서 **'자재하게 묘법을 듣는 원(自在得聞妙法願)'** 의 진실한 실현이다.

우리는 비록 오탁예토에 있더라도 중생을 위해 널리 설법하시는 선지식이 있음을 알고 있다. 그렇지만 이는 매우 많은 인연이 모여야 하므로 그리 쉽지 않다. 게다가 법을 구하기 위해 산을 넘고, 물을 건너 먼 길을 가야하는 노고와 자재하게 법을 들을 수 없는 등으로 인해 유감스럽다. 그러나 일생에 극락세계에 들어가면 즉시 불법의 해양 속에 몸을 두게 된다. 이때 당신은 아미타 부처님의 마음속에 있으니, 부처님께서 일체 모든 것을 당신에게 잘 안배하여 주신다. 어떤 방식으로든 당신을 위해 법을 전하시는데, 그 방식이 혹 직접 부처님의 법신으로 널리 설법하기도 하시고, 혹 보살의 몸을 나타내기도 하시며, 혹 새나 바람이나 물 등등을 통해서 당신을 위해 설법하신다. 그리고 설한 법의는 절대로 당신의 근기에 계합하여 당신이 한번 들으면 마음이 열리고 뜻을 이해하여 저절로 본래 갖추고 있는 무량한 공덕이 나타날 것이다.

극락국토에 이르면 자재하게 법을 듣는 수용受用을 얻을 수 있다. 그래서 우리들은 꼭 극락세계에 왕생하여야 한다. 그곳에 도착하면 정말로 만물을 마음대로 자재하게 누릴 수 있게 된다. 일체 모든 것이 다 임운하여 걸림 없이 흘러 나타난다. 아미타 부처님 본원 바다의 불가사의한 가피의 역용力用으로 말미암아 몸과 마음에 전변轉變이 일어나서 일체의 수용·공덕 등등을 모두 다 자재하게 걸림 없이 획득할 수 있다.

9-2

사리자여! 저 불국토에는 이와 같은 등 갖가지로 미묘하고 아름답게 장식한 공덕장엄이 있어 매우 좋아하고 즐거워할 수 있나니, 이런 까닭에 극락세계라 이름하느니라.

"舍利子! 彼佛土中有如是等衆妙綺飾, 功德莊嚴甚可愛樂, 是故名爲極樂世界."

[강기]

세존께서 또 말씀하셨다. "사리자여! 저 아미타 부처님의 국토에서는 이와 같은 매우 많고 많은 미묘 장엄이 있어 무량공덕을 구족하고 사람에게 환희심을 나게 하므로 「극락세계」라고 한다."

여기서 세존께서는 극락국토의 "공덕장엄이 매우 좋고 즐거움"을 재차 강조한다. 이것에 대해 우리들은 반드시 깊이 이해하여야 한다. '장엄'이란 장식한다는 뜻과 덕을 갖춘다는 뜻, 두 가지 뜻이 있다. 덕을 갖춘다는 뜻을 좀 더 깊이 들어가 보면 그것은 바로 극락국토의 일체묘상은 아미타 부처님의 미묘한 마음에 독립하여 바깥에 있는 시설이 아니라 아미타 부처님 미묘한 마음의 환변幻變임을 가리킨다. 그것은 곧 『왕생론』에서 "일법구一法句란 청정구淸淨句를 이른다. 청정구란 진실지혜 무위법신을 이르는 까닭이다."라고 말씀하신 것이다. 이 말은 극락국토에 있는 일체 경계의 모습은 모두다 법신지혜의 체성이거나 법신묘지法身妙智로부터 흘러 나온 것이라는 뜻이다. 부처님의 법신묘지는 불가사의한 무량공덕장엄을 구족하고 있기 때문에 그분께서 대표하는 것, 일종의 형상은 모두다 지극히 미세하고 미묘하며 불가사의한 것이다.

우리 세계에서 만약 한 가지 사물이 있는데, 그것이 여러 가지 공능을 갖추고 있고 각 방면에 효과가 있다면 우리들은 이것이 매우 신기하다고 여기고 그것을 매우 얻고 싶어 할 것이다. 그러나 극락세계에 있는 꽃 한 송이, 물 한 방울과 새 한 마리, 나무 한 그루를 순서에 따라 하나씩 집으면 모두다 법신이 나타난 것이고, 모두 다 무량한 공덕을 갖추고 있으며, 완전히 마음대로 원을 만족시킬 수 있다. 근본적으로 우리들의 매우 얕은 마음으로도 추측할 수도 없고, 언어로도 말할 수 없으며, 생각으로도 미칠 수 없다.

왕생전기13)에서는 이러한 일측一則 공안을 기록하고 있다. 송나라 시대 선여인 풍씨馮氏는 극락세계에 신통으로 다녀온(神遊) 후 주변의 사람에게 말하였다. "극락세계에 있는 궁전, 원림園林, 연못, 꽃나무 등등은 광명이

---

13) 『제상선인영諸上善人詠』: "나는 이미 정토에 신통으로 다녀왔다. 삼성三聖께 면례面禮하고, 청정해중 불자들이 머리 숙여 내가 왕생하였음을 축하하였다. 그 국토의 경계는 승묘하여 오직 증득해야 알 수 있다." 『정토전서淨土全書』: "궁전 숲 연못의 광명 신려함은 화엄 16관경華嚴十六觀經에서 말한 바와 같다."

신비롭고 아름다워서 『관경』에서 말한 것과 같은 모양, 같은 모습이었다. 그곳의 경계는 지극히 수승하고 기묘하여 직접 보아야만 정말로 알 수 있다."

그래서 극락국토의 묘상장엄은 우리들 상상을 완전히 뛰어넘고 그곳에 태어나면 무량무변의 상상하기 어려운 청정한 기쁨과 즐거운 마음이 생김을 알아야 한다. 우리들은 현재 여전히 사바세계에 있어 단지 한 가지 인간의 언어와 사상으로 이해하고 말할 수 있을 뿐이다. 그러나 실제로는 그곳에 태어난 후 극락세계의 공덕장엄이 현재 모든 언어로 묘사하는 것 보다 모두 수만 배 수승함을 알게 될 것이다. 당신이 진정으로 극락세계에 태어난 후 이것이 너무나 수승하고 너무나 안락함을 느낄 것이다! 바로 그곳에서 갖가지 불가사의한 안락을 수용한다. 그래서 「극락세계」라 부른다.

이상으로 세존께서 극락세계에서 물질세계의 공덕장엄을 간략히 서술하였다. 다음은 극락국토 의보依報의 공덕이 무량무변함을 총결한다.

제10품 국토의 공덕이 무량하다[國德無量第十]

10-1

또 사리자여! 극락세계 청정불토에는 이와 같은 등 무량무변의 불가사의하고 매우 희유한 일들이 있으니, 가령 백천 구지 나유타 겁을 지나면서 그 무량한 백천 구지 나유타의 혀로써 하나하나의 혀 위에 무량한 소리를 내어 그 공덕을 찬탄한다 하여도 역시 다하지 못하니, 이런 까닭에 극락세계라 이름하느니라.

"又, 舍利子! 極樂世界淨佛土中, 有如是等無量無邊不可思議甚希有事. 假使經於百千俱胝那庾多劫, 以其無量百千俱胝那庾多舌, 一一舌上出無量聲, 贊其功德亦不能盡, 是故名爲極樂世界."

[강기]

세존께서는 계속 말씀하셨다. "사리자여! 극락세계 청정불토에는 이와 같이 무량무변의 불가사의하고 지극히 희유한 일이 있다. 비유해서 말하자면 가령 걸림 없는 변재를 지니고 있는 사람이 백천 구지 나유타 겁수를 지나면서 무량한 백천 구지 나유타의 혀로 하나하나 모두 무량한 소리를 내어 이런 찰나에 끊임없이 이 국토의 공덕을 칭양 찬탄하여도 말이 다하지 않으니, 그래서 이 세계를 「극락세계」라고 부르니라."

그동안의 학습을 통해서 "극락세계는 도대체 공덕장엄이 몇 가지나 있나? 희유하고 얻기 어려운 일이 몇 가지나 있나?" 우리들은 모두 다 적든 많든 이러한 의심이 들었을 것이다. 실제로 앞에서 설명한 보배연못·연꽃·대지·미묘한 나무·영묘한 새 등등은 단지 석가모니 부처님께서 매우 간략하게 우리들에게 소식을 전했을 뿐이다. 실제로는 극락세계의 공덕장엄은 근본적으로 언어로 가늠할 수 없고, 단지 몸이 그 경계에 임할 때 비로소 체득할 수 있을 뿐이다. 그곳의 미묘하고 불가사의함과 비교하면 실로 언어로는 한정되어 있을 뿐이다. 그래서 세존께서는 여기서 하나의 비유로 극락국토의 불가사의한 미묘 장엄을 설명하셨다.

우선 "백천 구지 나유타 겁", 이것은 지극히 긴 시간을 말한다. 이른바 '겁'이란 범어 '겁파(kalpa)'의 약칭으로 분별시절分別時節을 뜻한다. 곧 통상의 년, 월 등으로 헤아릴 수 없이 매우 긴 시간으로, 그것은 사바세계의 성주괴공成住壞空으로 안립安立14)한 것이다. 이같이 시간이 특별히 길어서 불경에서는 항상 비유로 표시한다. 『대비바사론大毘婆沙論』15)에서 불경을

---

14) 흔히는 언어로 표현할 수 없는 것을 임시로 언어로써 분별하여 표현하거나 방편으로 개념을 설정하는 것을 뜻한다.
15) 『아비달마대비바사론阿毘達磨大毘婆沙論』: "성읍 부근에 전체가 돌인 돌산이 있었는데

인용하면서 말한다. 도시 부근에 너무나 큰 바위산이 있었는데, 그 길이·폭·높이는 최소한 각각 40리였다. 가시국迦屍國의 가장 미세하고 얇은 천으로 이 돌산 하나를 백년마다 한번 씩 스쳐 지나가 마침내 산을 전부 다 스쳐 지나가도 겁의 시간은 아직 다함이 없다. '구지'도 범어이다. 『현응음의玄應音義』에서는 한자로 '억'에 해당한다고 말한다. 그리고 '나유타'는 『구사론俱舍論』에서 '천억'에 상당한다고 말한다. 그래서 일 겁도 이와 같이 긴데, 여기에 다가 백·천·억·천억을 서로 곱해 나온 수량으로 이러한 많은 겁이 지나간 시간은 더욱 헤아릴 수 없다.

이렇게 긴 시절 동안 혀 하나로 말하는 것이 아니라 "무량한 백천구지 나유타의 혀"로 말하고 더욱이 하나하나 혀마다 모두 무량한 소리를 낼 수 있다. 이처럼 세 가지 무량이 있으니, 곧 시간도 무량하고, 혀도 무량하고, 혀에서 나오는 소리도 무량하다. 이렇게 극락세계의 공덕을 찬탄해도 다 설할 수 없으니, 극락세계의 공덕은 참으로 불가사의하다고 볼 수 있다!

이들 불가사의한 공덕장엄에 대해 반드시 분명히 이해하고 충분히 알아야 좋다. 왜냐하면 그곳은 우리들이 마지막 귀착점(歸宿)으로 삼는 각자의 진정한 고향집이기 때문이다. 오로지 진심으로 이 고향집에 기뻐하

가로 세로 높이 각각 유순나踰繕那로 가시국의 미세한 밧줄로 백년마다 한번씩 스쳐 지나가 산이 마모되어 사라져도 이 겁이 아직 끝나지 않는다."

고, 극락세계의 일체 모두를 마음속으로부터 환희하며 향해 나아가야 진정으로 왕생할 수 있다. 애석하게도 현재 수많은 사람들이 이런 공덕에 대해 전혀 이해하지 못하거나 단지 수박 겉핥기로 알고 있을 뿐이다. 그들의 생각은 근본적으로 이것에 있지 않고, 정토정감은 대단히 미세하고 얇다. 이렇게 해서는 안 된다.

수많은 정토 방면의 가르침을 모두 다 말해도 늘 극락정토의 공덕을 억념憶念16)하고 평상심에서 마음마음, 생각생각에 계념繫念하여야 한다. 이 점이 대단히 중요한 관건이다. 실제로 이 점까지 해내면 특별히 어렵지 않다. 당신이 진정으로 『아미타경』을 숙달하면, 이 같은 환희심・희구심을 낼 수 있다. 곧 삼세번의 훈습熏習을 통과하고 몇 년간의 노력을 거쳐서 불경에서 설한 한 문구 한 문구의 법의法義가 마음속 깊은 곳까지 들어가, 표면상의 지식에 그치는 것이 아니라 뿌리 깊은 관념이 되게 하고, 생각생각마다 영향을 미치는 중심이 되도록 하여야 한다.

이렇게 서방정토는 당신의 마음속에 응결되어 한 가지 관념을 이루고, 정토에 태어나길 구하면 이것이 당신 자신의 깨달음(覺悟)이 된다. 이렇게 되면 매우 좋다. 왜냐하면 이때 불경의 법의는 당신의 마음과 더 이상

---

16) "항상 깨어서 자신의 마음을 살펴보고 기억하여 잊지 않는 수행의 상태를 말한다." 달라이 라마.

조금도 무관한 관계가 아니고, 더 이상 서로 멀리 떨어져 매우 먼 두 개의 속에 담긴 뜻이 아니다. 이 속에 담긴 한 글자 한 문구는 모두 당신의 정토정감·진실한 의요意樂와 한곳에 융합된다. 이것이 바로 교육을 통해서 자신의 마음으로 심득한 결과이다. 만약 당신이 이 교육을 통해서 깊이 얻을 수 없다면 진정한 관념을 형성하기가 매우 어려울 것이다.

이상으로 극락국토 물질세계의 의보장엄을 풀이하였고, 다음으로 국토 유정의 정보장엄을 풀이하겠다. 먼저 극락세계의 주존主尊인 아미타 부처님의 공덕을 설명하겠다.

그중에 세 가지 무량한 공덕을 들어 있는데 곧 수명이 무량하고, 광명이 무량하며, 권속성중이 무량하다.

제11품 광명과 수명이 무량하다[光壽無量第十一]

11-1

또 사리자여! 극락세계 청정불토에는 저 부처님께서는 무슨 인연으로 무량수라고 부르는가? 사리자여! 저 여래와 모든 유정들의 수명이 무량무수 대겁이기 때문이니, 이런 인연으로 저 국토, 여래의 명호를 무량수라고 하느니라.

> "又, 舍利子! 極樂世界淨佛土中, 佛有何緣名無量壽? 舍利子! 由彼如來及諸有情, 壽命無量無數大劫；由是緣故, 彼土如來名無量壽."

[강기]

우리들은 먼저 「아미타불」이 범어이고, 그 중에서 「아미타」의 뜻은 '무량'임을 알아야 한다. 이 속에는 무량이라는 미묘한 뜻, 미묘한 공덕을 함유하고 있다. 일반적으로 대표하는 성질로 '무량수無量壽'·'무량광無量光'이라 번역된다. 실제로는 아미타 부처님께서는 신통·설법·사업 등등 하나하나가 모두 무량하시다.

여기서 석가모니 부처님께서는 사리자에게 말씀하셨다. "사리자여! 극락세계 청정불토에 계시는 교주 부처님께서는 무슨 인연으로 「무량수」라고 부르는가? 이것은 한 분 부처님과 국토에 있는 권속들의 수명이 모두 무량무수 대겁이기 때문이다. 이런 인연으로 극락세계 교주 부처님의 명호를 「무량수」라고 부르니라."

일반적으로 말해 어떠한 법이라도 명칭을 세우기 위해서는 모두 그 특수한 원인이 있다. 일체제불께서도 모두 각자의 명호가 있다. 예컨대 약사유리광불比如藥師琉璃光佛·불공성취불不空成就佛 등등의 명호가 있다. 부처님(尊佛)께서는 모두 공유하지 않는 공덕을 지니고 있으므로 다른 명호를 사용해 부른다.

그렇다면 왜 극락세계의 부처님을 「무량수」라고 이름하는가? 혹은 그는 어떤 공유하지 않은 공덕이 있는가?

"저 여래와 모든 유정들의 수명이 무량무수 대겁이기 때문이다." 먼저 교주이신 아미타 부처님께서 극락세계 청정불토에서 머무시는 시간은 곧, 그의 수명은 무량무수 대겁만큼이나 된다.

우리들 사바세계 이 예토에서는 수많은 부처님께서 수명이 제한되어 있음을 보이신다. 예컨대 우리의 본사 석가모니 부처님께서는 주세(住世;

세상에 머무신 시간) 80년을 시현하셨다. 왜냐하면 인간은 오탁의 불길로 가득 찬 시기에 있기 때문에 복보가 줄어들고 있으니, 당시 평균수명은 단지 100세였다. 부처님께서 이 세간에 오셔서 당시 교화대상인 인간의 상황에 수순하여 시현하셨다. 그래서 석가모니 부처님께서는 주세 80년을 시현하셨다. 장래 미륵부처님께서 세상에 나타나실 때는 증겁增劫의 시대에 속한다. 그 시대 사람들은 평균수명이 8만세이다. 그래서 부처님께서도 상응하여 세상에 그렇게 긴 시간 동안 머무심을 시현하실 것이다.

그렇지만 극락세계는 특수한 세계로 완전히 청정한 국토이다. 일체가 전부 현현함은 아미타 부처님 원력의 주지住持에 의한 것이다. 그 국토에서는 일체 경계의 모습은 모두 쇠퇴도 변화도 없다. 우리들 사바세계와 달리 지진·홍수·태풍 등 자연재난도 없고, 사회혼란·전쟁 등등도 없다. 그 세계는 철저히 세 가지 괴로움을 여의었고, 환경 신체상의 온갖 쇠퇴 변화도 존재하지 않는다. 그래서 아미타 부처님께서 세상에 머무시는 시간은 연이어 무량무수 대겁이 지속된다.

이와 같을 뿐만 아니라 극락국토의 유정들도 세상에 무량무수 대겁을 머문다. 아미타 부처님께서 인지因地 때에 발원하며 말씀하셨다. "**제가 부처가 될 때 국토 천인들의 수명은 한량이 없으니, 다만 그 본원에 따라 길고 짧음을 자재하게 하더라도 그 수명에 한량이 있다면 정각을 취하지 않겠나이다. (위역 무량수경, 제15원)**" 곧 극락국토에 왕생하는 일체 중생들은 모두 다 무량한 수명을 얻을 수 있다. 만약 자신이 다른 세계에서 가서 중생을 제도하길 발원하여 정토의 수명을 버리고 자재하게 다른 세계에서 화현할 수 있지만, 이 같은 상황을 제외하고는 극락정토에 왕생하기만 하면 계속 무량무수 대겁을 안온히 머물 수 있다. 이것이 바로 권속 수명의 무량공덕을 성취하는 것이다.

우리들 이 세계의 사람들은 기본적으로 모두 다 태생胎生이다. 몸은 부모님의 깨끗하지 않은 종자에 의해 천천히 잉태되어 나온 것이다. 그래서 일정기한의 수명을 지닌다. 일정시간에 이르면 마치 기기가 노화되는 것처럼 갈수록 쇠미해져서 마침내 완전히 끝날 것이다. 마치 한 알의 종자가 그 자신은 특정한 기능·힘, 생장의 한도가 있어 일정한 때에 도달하면 더 이상 계속 생장할 수 없는 것과 같다.

극락세계에 있는 유정들은 우리들과 완전히 다르게 아미타 부처님 원력의 섭지攝持로 왕생하는 이는 전부 연꽃에서 화생化生한다. 모두 다 청허淸虛의 몸과 무극無極의 수명을 받게 된다. 몸은 금강 나라연那羅延의 힘을 지니고 있어 영원히 어떠한 생·노·병·사·쇠락·피로·기력쇠진 등등의 괴로움이 나타나지 않고, 영원히 젊고 활력이 있다. 그래서 한번 극락세계에 태어나면 우리들도 아미타 부처님과 같이 무량무수 대겁동안 세상에 머물 수 있다.

극락세계에 계시는 교주 부처님 및 그의 일체 권속 전부가 무량무수 대겁을 세상에 머물 수 있어 수명은 무량에 도달한다. 수명 무량을 성취한 연고로 「무량수불」이라 불린다.

11-2

사리자여! 무량수불께서 아뇩다라삼먁삼보리를 증득한지 이미 십 대겁이 지났느니라.

舍利子! 無量壽佛證得阿耨多羅三藐三菩提已來經十大劫.

[강기]

석가모니 부처님께서는 또한 말씀하셨다. "사리자여! 무량수불께서 무상정득정각을 증득한지, 십 대겁을 경과하였느니라."

법장보살께서는 무량겁의 수행을 통해서 마침내 공덕이 원만하였고, 위없는 불과를 성취하였으며, 극락세계의 일체 공덕장엄을 성취하였는데, 시간상의 거리는 지금 현재 기준으로 십 대겁이다. 이로부터 극락세계는 현재 무량한 권속이 있음을 알 수 있다. 왜냐하면 이 십 대겁 동안 매일, 심지어 매 찰나마다 수많은 범부와 성자들이 극락세계에 왕생하였기 때문이다. 그래서 십 대겁의 세월이 누적되어 이미 무량무수의 유정들이 그곳에 왕생하였다. 다음은 아미타불의 '광명무량'의 공덕을 풀이하겠다.

11-3

사리자여! 저 부처님께서는 무슨 인연으로 무량광이라고 부르는가? 사리자여! 저 여래께서는 항상 무량무변의 미묘한 광명을 놓아서 일체 시방 불국토를 두루 비추시며, 걸림 없이 불사를 베풀어 주시기 때문이니, 이러한 인연으로 저 국토, 여래의 명호를 무량광이라 하느니라.

> 舍利子! 何緣彼佛名無量光? 舍利子! 由彼如來恒放無量無邊妙光, 遍照一切十方佛土, 施作佛事無有障礙; 由是緣故, 彼土如來名無量光.

[강기]

석가모니 부처님께서는 계속해서 사리자에게 이르셨다. "사리자여! 어떤 인연으로 이 부처님께서는 또「무량수」라고 부르는가? 사리자여! 그분께서는 언제라도 끊임없이 무량무변의 미묘한 광명을 발하여 시방 일체 불국토를 비추시며, 걸림 없이 일체 염불중생을 섭수하신다. 이런 인연으로 극락세계 교주 부처님의 명호는「무량광」이라 하느니라."

앞에서「무량수」명호를 설명하였다. 여기서는 왜 이 부처님을 또한 「무량광」이라고 부르는지, 이 명호는 그분의 어떤 종류의 공유하지 않는 공덕을 표시할 수 있는지 설명할 것이다.

"저 여래께서는 항상 무량무변의 미묘한 광명을 놓아서 일체 시방 불국토를 두루 비치시며," 우리들은 모든 부처님 응화신應化身의 광명은 인지因地 때의 발원에 따라 현현한 것임을 알고 있다. 어떤 부처님은 성불할 때 몸에서 현현해 나오는 광명으로 일 유순 범위를 눈부시게 비출 수 있고(적어도 지금의 40리에 상당함), 어떤 부처님의 광명은 십 유순·백 유순·천 유순·만 유순을 비출 수 있고, 내지 한 세계·일백 세계·일천 세계·일만 세계 등등을 비출 수 있다. 그러나 아미타 부처님의 광명은 무량무수의 불국토를 비출 수 있다. 그 분은 인지 때에 발원하며 말씀하셨다. **"내가 부처가 될 때에 광명이 한량이 있어 백천 억 나유타의 모든 불국토를 비출 수가 없다면 정각을 취하지 않겠나이다."**(위역, 제12원) 바로 아미타 부처님께서 인지 때에 발원한 것으로 인해 광명이 시방을 두루 비춘다. 그래서 그분께서 성불하실 때 광명은 시방 무량무수의 불국토를 두루 비출 수 있다.

그렇다면 이 무량한 광명은 어떤 효과를 지니고 있는가? **"걸림 없이 불사를 베풀어 주신다."** 광명으로 부처님의 사업을 행할 수 있다. 광명무량을 성취하여 시방세계에 있는 중생들을 두루 제도하면 너무나 편리하고, 걸림 없이 부처님의 사업을 행지行持할 수 있다.

우리들은 이 **무량한 광명이 바로 아미타 부처님**임을 알아야 한다. 그것이 유정들의 마음에 비출 때 중생심에 있는 탐·진·치의 번뇌들을 소멸시키고, 신심·자비·지혜 등 선근공덕을 드러낼 수 있다. 삼악취의 중생들이 한번 부처님의 광명이 비추게 되면 즉시 악취惡趣로부터 해탈할 수 있다. 어떠한 중생이든 단지 광명의 섭수를 얻기만 하면 임종시에 반드시 극락세계에 왕생할 수 있다⋯⋯ 이렇게 광명의 공덕이 중생을 섭수하는 효과는 무량무변하다. 석가모니께서는 『관경』17)에서 말씀하셨다. 중생은 단지 진실한 마음으로 아미타불을 억념하기만 하면 부처님의 광명이 중생의 마음속을 비추어서 그를 섭수하신다. 그래서 당신이 염불할 때 염불이 잘 되고, 염불한 후 마음이 매우 청정하고 매우 기쁠 때 이것은 부처님께서 마침 광명으로 당신을 섭수하고 계심을 알아야 한다.

게다가 부처님의 광명은 걸림이 없어 그분께서는 시방세계에 있는 어떠한 구석진 곳도 비출 수 있다. 우리들 이 세계에 있는 색법의 광명은 가로막힌 장소는 비출 수 없고, 덮어 가린 곳도 비출 수 없고, 물품의 내부도 비출 수 없으며, 유정의 마음도 비출 수 없다. 아미타 부처님의 무량광명은 이러한 제한이 있을 수 없다. 예컨대 우리들이 자신의 방에서 앉아 염불하면 부처님의 광명도 우리들의 마음을 비출 것이다. 당신이 방안에 있든, 차에 있던, 길에 있던 관계없이 요컨대 어느 때 어느 곳에서도

---

17) 『불설관무량수불경』: "하나하나 광명이 두루 시방세계를 비추어 염불 중생을 섭취하여 버리지 않는다."

기꺼이 지극한 마음으로 염불하기만 하면 광명은 모두 다 당신과 가까이 있을 것이다.

극락세계의 교주 부처님께서 언제나 무량한 광명을 두루 발하여 시방의 무수한 세계를 비추시고 걸림 없이 중생을 섭수할 수 있어 이러한 광명무량을 성취한 수 있는 연고로 「무량광불」이라 이름한다.

11-4

사리자여! 저 부처님의 정토는 이와 같은 공덕장엄을 성취하여 매우 좋아하고 즐거워할 수 있나니, 이런 까닭에 극락세계라 이름하느니라.

"舍利子! 彼佛淨土成就如是功德莊嚴甚可愛樂, 是故名爲極樂世界."

[강기]
세존께서는 다시 한번 말씀하셨다. "사리자여! 아미타 부처님의 국토는 이러한 공덕장엄을 성취하여 사람들로 하여금 매우 좋아하고 기쁘게 하므로 그래서 극락세계라고 부르니라."

다음은 권속성중이 무량함을 풀이하겠다.

제12품 성중이 무량하다[聖衆無量第十二]

12-1

또 사리자여! 극락세계 청정불토에는 무량수불께 항상 무량한 성문제자들이 있나니, 그들은 모두 대아라한들로 갖가지 미묘한 공덕을 구족하고 있으며, 그 양은 끝이 없어 숫자로 헤아릴 수 없느니라. 사리자여! 저 부처님의 정토는 이와 같은 공덕장엄을 성취하여 매우 좋아하고 즐거워할 수 있나니, 이런 까닭에 극락세계라 이름하느니라.

> "又, 舍利子! 極樂世界淨佛土中, 無量壽佛常有無量聲聞弟子, 一切皆是大阿羅漢, 具足種種微妙功德, 其量無邊不可稱數. 舍利子! 彼佛淨土成就如是功德莊嚴, 甚可愛樂, 是故名爲極樂世界.

[강기]

석가모니 부처님께서는 말씀하셨다. "또한, 사리자여! 극락세계 청정불토의 아미타 부처님 좌하座下에 언제나 무량무수의 성문제자들이 있고, 그들은 전부 아라한으로 온갖 미묘한 공덕을 구족하고 있다. 이들 성문제자의 수량도 무량무변으로 그 수를 헤아릴 수 없다. 사리자여! 아미타 부처님의 국토는 이러한 공덕을 성취하였기에 사람이 일생에 여기에 이르면 대단히 환희하고 이 국토에 너무나 기뻐하고 즐거워하니, 그래서 「극락세계」라 한다."

아미타 부처님 본원의 바다는 아래로는 오역십악의 중생에서부터 위로는 등각위의 보살에 이르기까지 일체 유정들을 두루 섭수한다. 마찬가지로 성문승의 중생들도 섭수한다. 그들은 과거세에 소승법을 수희찬탄하며 닦았으므로 극락세계에 왕생한 후 아미타 부처님께서는 먼저 그들에게 사성제 등의 법을 전수하여 그들이 즉시 아라한과를 얻게 하신다. 그런 후에 대승으로 전입轉入시켜 이들 성문제자로 하여금 마침내 불과를 성취하게 하신다.

12-2

또 사리자여! 극락세계 청정불토에는 무량수불께 항상 무량한 보살제자들이 있나니, 그들은 모두 일생소계의 보살들로 갖가지 미묘한 공덕을 구족하고 있으며, 그 양은 끝이 없어 숫자로 헤아릴 수 없어, 설령 무량겁 동안에 그 공덕을 찬탄한다 해도 끝내 다할 수 없느니라.

又舍利子! 極樂世界淨佛土中, 無量壽佛常有無量菩薩弟子, 一切皆是一生所繫, 具足種種微妙功德, 其量無邊不可稱數. 假使經於無數量劫, 讚其功德終不能盡.

[강기]

석가모니 부처님께서는 또 말씀하셨다. "사리자여! 극락세계 청정불토에는 아미타 부처님 곁에 언제나 무량무수의 보살제자들이 둘러싸고 있다. 그들은 모두 일생보처一生補處의 보살이고, 갖가지 미묘한 공덕을 갖추고 있으며, 이들 공덕은 무량하고 끝이 없어 그 수를 헤아릴 수 없다. 설령 무량무수 대겁 동안에 그들 공덕을 찬탄하여도 다 말할 수 없다."

'일생소계一生所繫'란 단지 이 최후의 일생만 거치면 그 후 부처의 자리(佛位)를 계승할 수 있음을 가리킨다. 그래서 '일생보처一生補處'라고 한다. 곧 이번 생을 경과하면 내생에 성불할 수 있으니, 미륵보살의 지위에 상당한다.

12-3

사리자여! 저 부처님의 정토는 이와 같은 공덕장엄을 성취하여 매우 좋아하고 즐거워할 수 있나니, 이런 까닭에 극락세계라 이름하느니라.

"舍利子！彼佛淨土成就如是功德莊嚴甚可愛樂, 是故名爲極樂世界."

[강기]
"사리자여! 무량수불의 국토는 이러한 공덕장엄을 성취하여 사람들이 환희심을 내므로「극락세계」라고 하느니라."

이 단락을 학습하고서 우리들은 극락세계에 왕생하기만 하면 이제부터 모든 대보살의 청정해중 가운데 머물러 있게 됨을 알아야 한다. 우리들은 현재 극락세계의 교주이신 아미타 부처님을 예배하고, 청정대해중淸淨大海衆의 모든 대보살들도 예배하고 있다. 이번 일생을 끝마친 후 극락정토의 연화 중에 화생한 다음 모든 대보살의 청정해회(淸淨海會; 연지해회) 속으로 들어갈 것이다. 이는 우리들이 평상시 염송하는 화향게回向偈 속의 말씀과 같다.

"서방정토에 구품연화를 부모 삼아 꽃이 열려 부처님을 뵙고 무생법인을 깨달아 불퇴보살과 도반이 되게 하소서(願生西方淨土中, 九品蓮花爲父母, 花開見佛悟無生, 不退菩薩爲伴侶)."

극락세계에 왕생한 후 연꽃이 한번 피면 아미타 부처님을 뵙고 그런 후에 공성空性을 증득하여 모든 대보살과 한곳에서 법을 듣고 수행 등등을 한다. 이것은 사람들에게 대단한 환희심을 불러일으킨다.

우리들이 현재 살고 있는 사바세계도 비록 범성동거토凡聖同居土여서 범부도 있고 성인도 있으나, 성자는 필경 매우 드물고 오히려 번뇌가 깊고 무거워 갖가지 악업을 짓는 사람이 아주 많다. 이렇다면 일상적으로 악인과 사귀지 않을 수 없다. 자기 안에는 원래 온갖 번뇌의 종자를 지니고 있고, 게다가 더럽고 탁한 환경에 물들어서 언제나 온갖 탐·진·치 등의 번뇌가 현생하여 갖가지 악업을 짓고 끊임없이 생사를 유전하면서 벗어나기 어렵다.

한번 극락세계에 태어나면 주위 사람 모두가 수증修證이 매우 높은 대보살들이다. 이들 대보살의 수량도 무량하고 끝이 없어 미세한 먼지처럼 많다. 이렇게 한번 오기만 하면 가피력이 얼마나 많겠는가! 이런 종류의 환경에서 훈도熏陶를 받으면 생각생각마다 보리공덕이 증장되고 조금도 물러남이 없으며 결정코 무상보리를 속히 증득할 것이다.

그 세계에는 대보살들이 수없이 많기 때문에 일생에 그곳에 들어가면 너무나 큰 환희심이 들 것이다. 이러한 인연으로 무량수불의 국토를 「극락세계」라고 부른다.

제13품 구경의 불과를 꼭 증득하리라 [決證極果第十三]

13-1

또 사리자여! 만약 모든 유정들이 저 국토에 태어난다면 그들은 모두 물러나지 않을 것이고, 반드시 다시는 모든 험한 악취와 변지·하천민·야만인 중에 떨어지지 않을 것이며, 항상 모든 부처님의 청정국토를 다니면서, 수승한 행원을 생각생각 증진하여 결정코 아뇩다라삼먁삼보리를 증득할 것이니라.

"又, 舍利子! 若諸有情生彼土者皆不退轉, 必不複墮諸險惡趣・邊地下賤蔑戾車中, 常遊諸佛清淨國土, 殊勝行願念念增進, 決定當證阿耨多羅三藐三菩提.

[강기]

석가모니 부처님께서 또 말씀하셨다. "또 사리자여! 일체중생은 극락국토에 태어나기만 하면 모두 다 물러나지 않고, 결정코 다시는 악취와 변지·하천민·야만인 등 갖가지 부류 가운데 떨어지지 않을 것이다. 아미타 부처님 본원 바다의 가피를 입은 후 언제나 시방제불의 청정불토에 두루 다닐 수 있다. 시방국토에서 수승한 보현대원을 실행할 수 있어 생각생각 사이에 증장·진보하여 결정코 무상정등정각을 증득할 것이다."

"만약 모든 유정들이 저 국토에 태어난다면 그들은 모두 물러나지 않을 것이며, 반드시 다시는 모든 험한 악취와 변지·하천·멸려차(야만인)에 떨어지지 않을 것이며," 이것은 극락세계에 한번 태어나면 다시는 물러나지 않고 다시는 위험한 곳에 떨어지지 않음을 설명한다. 아미타 부처님의 불가사의한 위신력의 주지住持로써 왕생하는 이들에게 일찰나에 '나'와 '나의 것'에 계집計執하는 생각이 일어나지 않고, 털끝만큼도 탐·진·치 등의 번뇌가 일어나지 않게 할 것이다.

또한 극락세계에 태어나기만 하면 마음속에 보리종자가 아미타 부처님 본원의 가피를 거쳐서 다시는 생사계生死界 한가운데로 돌아가 길을 잃어버리지 않을 것이다. 『왕생론주』에 따르면 마치 영원토록 변치 않는 종자를 칠하여서 물에 들어가도 허물어지지 않고, 불에 들어가도 타지 않는 것과 같다. 마찬가지로 극락국토에 왕생한 후에는 마음이 이미 아미타 부처님의 주지를 얻었기 때문에 마음의 보리종자는 견고하여 무너지지 않는다. 그래서 그 후 어떠한 종류의 환경 속에 태어나도 관계없이 번뇌가 일어나지 않을 것이다. 게다가 다시는 삼악취 속으로 떨어지지도, 불법이 없는 변지에 태어나지도, 하천민·야만인·개화되지 않은 종족 등등으로 바꾸어 태어나지도 않을 것이다.

"항상 모든 부처님의 청정한 국토를 다니면서, 수승한 행원을 생각생각마다 증진하여 결정코 아뇩다라삼먁삼보리를 증득할 것이니라." 극락세계에 왕생한 후 보살이 되어 매우 빨리 온갖 공덕을 성취하고 무상불과를 증득할 것이다.

보리도의 수행에 대해 말하자면 '**생각생각 증진함**(念念增進)'이 대단히 **중요하다**는 것을 알아야 한다. 우리들은 현재 몸이 오탁세계 속에 있기 때문에 왕생법문을 수행하면 열에 한 명은 전진하고, 아홉은 퇴보한다. 왜냐하면 우리들의 마음은 언제나 매우 산란되어 정법에 편안히 머물러 있기가 매우 어렵고 이렇다면 한 줄기 수법修法[18]의 힘을 형성하기가 매우 어려울 것이다. 게다가 조금 진보할 때 거스르는 인연이 조금이라도 출현하면 다시 잃어버릴 것이다. 지속적으로 진보를 유지할 수 없기 때문에 성취하기가 매우 어렵다.

그렇지만 극락세계에 이르면 선근이 생각생각 끊임없이 증장한다. 왜냐하면 당신의 마음은 이미 아미타 부처님 위신력의 주지를 얻어서 접촉한 경계의 모습이 모두 다 가지加持하여 당신의 마음이 보리도 위에서 승진할 것이다. 이러한 마음은 매우 안정(穩定)될 것이고 수법도 생각생각 끊임없이 상속해가서 매우 빨리 성취를 획득할 것이다.

---

18) '가지기도법(加持祈禱法)'이라고도 한다. 밀교에서 행하는 식재(息災)·증익(增益)·경애(敬愛)·조복(調伏) 등의 4종 기도법(四種祈禱法)을 말한다.

우리들은 언제나 상등의 수행인은 날마다 진보가 있고, 중등의 수행인은 1개월 마다 진보가 있으며, 하등의 수행인은 1년 마다 진보가 있을 것이라고 말한다. 그러나 극락세계에 태어나기만 하면 이로부터 생각생각 모두 진보가 있을 것이다. 그래서 이런 수승한 수도순연修道順緣이 생기고, 결정코 물러남이 없을 수 있으며, 신속히 무상보리를 증득할 것이다.

13-2

사리자여! 저 불국토에는 이와 같은 공덕장엄을 성취하여 매우 좋아하고 즐거워할 수 있나니, 이런 까닭에 극락세계라 이름하느니라.

"舍利子! 彼佛土中成就如是功德莊嚴甚可愛樂, 是故名爲極樂世界."

[강기]

세존께서는 또 말씀하셨다. "사리자여! 저 아미타 부처님의 청정국토 중에는 이런 수승한 공덕장엄을 성취하여 사람에게 십분 환희하고 그리워하게 한다. 그래서 「극락세계」라 하느니라."

이 단락을 학습하면서 우리는 이 세계 속에서는 수행의 장애가 겹겹이 있고, 때때로 모두 다시 잃어버리는 위험이 있음을 거듭 사유해야 한다. 그러나 일단 극락세계에 태어나면 아미타 부처님의 위신력의 주지를 얻어 다시는 물러나지 않을 것이다. 우리들이 바라는 것은 바로 이 점이다! 그래서 꼭 극락세계에 왕생하여야 한다.

앞에서는 석가모니 부처님께서 극락국토 의보依報와 정보正報의 공덕장엄을 널리 말씀하셔서 우리에게 극락세계로 빨리 향해가는 마음(向往之心)을 일으키게 하였다. 아래 경문에서는 왕생발원을 권하신다.

舍利弗若有善男子善女人聞說阿彌陀佛執持
名號若一日若二日若三日若四日若五日若六
日若七日一心不亂其人臨命終時阿彌陀佛與
諸聖眾現在其前是人終時心不顛倒即得往生
阿彌陀佛極樂國土舍利弗我見是利故說此言
若有眾生聞是說者應當發願生彼國土

제14품 왕생을 발원하라[發願求生第十四]

14-1

또 사리자여! 만약 유정들이 저 서방극락 무량수불의 청정불토가 무량공덕으로 장엄하고 있음을 듣는다면 모두 저 불국토에 태어나길 발원해야 하나니, 왜 그러한가? 만약 저 국토에 태어난다면 이와 같이 무량공덕으로 장엄한 대사들과 함께 한곳에 모여, 이와 같이 무량공덕으로 장엄한 청정불토의 대승법락을 누리고, 항상 물러나지 않으며, 무량한 행원을 생각생각 증진하여, 속히 무상정등보리를 증득하게 될 것이기 때문이니라.

"又, 舍利子! 若諸有情聞彼西方無量壽佛淸淨佛土無量功德衆所莊嚴, 皆應發願生彼佛土. 所以者何? 若生彼土, 得與如是無量功德衆所莊嚴諸大士等同一集會, 受用如是無量功德衆所莊嚴淸淨佛土大乘法樂, 常無退轉, 無量行願念念增進, 速證無上正等菩提故.

[강기]

석가모니 부처님께서는 권유(勸導)의 말씀을 베푸셨다. "또한, 사리자여! 만약 중생들이 서방극락 아미타 부처님의 청정국토가 이런 수승한 무량공덕장엄을 구족하고 있음을 들으면 모두 다 아미타 부처님의 극락국토에 왕생하길 발원해야 한다. 왜 그러한가? 왜냐하면 만약 당신이 아미타 부처님의 국토에 태어난다면 이렇게 무량공덕으로 장엄한 모든 대보살들과 한곳에 모일 수 있고, 이렇게 무량공덕으로 장엄한 청정불토의 대승법락을 누릴 수 있다. 그리고 왕생한 후 언제나 결코 물러나지 않는다. 무량한 보현행원을 생각생각 끊임없이 증장·진보하여 신속히 무상불과를 증득할 것이다.

극락세계에 왕생한 이익은 무량무변함을 알아야 한다. 예를 들어서 **"무량한 행원을 생각생각 증진하여,"** 마치 우리들이 현재 날마다 『보현행원품』을 염송하면서 비슷하게 보현대원을 발하는 것과 같다. 다만 실제상으로 보현행원은 지극히 깊고 광대하며 일반적인 범부 성문들은 정말 실행하기가 매우 어렵다. 그렇지만 극락세계에 한번 왕생하면 아미타 부처님 본원의 가피를 얻어 우리들 범부 중생도 현전에서 매우 빨리 보현행원을 성취할 수 있다. 게다가 생각생각 끊임없이 증진하여 갖가지 부사의 공덕을 성취할 수 있다.

그래서 극락국토가 이렇게 불가사의한 공덕장엄을 구족하고 있음을 듣는다면 모두 왕생을 발원하여야 한다. 만약 진심으로 극락세계에 왕생하겠다고 발원할 수 있다면, 당신의 마음은 아미타 부처님과 상응할 수 있고, 왕생하는 것이 아주 희망적일 것이다. 그렇지만 만약 우리가 이들 공덕을 들은 후 마음속에 환희심도 희구심도 생기지 않고 왕생을 발원하지 않는다면 극락세계가 아무리 수승해도 당신과 전혀 관계가 없다.

14-2

사리자여! 저 불국토에 태어나는 모든 유정들은 무량무변의 공덕을 성취하나니, 적은 선근의 유정 부류들은 무량수불의 극락세계 청정불토에 왕생하게 되는 것은 아니니라.

> "舍利子！ 生彼佛土諸有情類成就無量無邊功德, 非少善根諸有情類當得往生無量壽佛極樂世界淸淨佛土."

[강기]

석가모니께서는 또 말씀하셨다. "그러므로 사리자여! 아미타 부처님의 국토에 태어난 유정들은 모두 다 무량무변의 공덕을 성취할 수 있다. 그래서 아미타 부처님의 극락세계, 이 청정한 불국토에는 선근이 적거나 복덕이 작은 중생들이 왕생하게 되는 것은 아니다."

우리들은 극락세계에 한번 왕생하면 "무량무변의 공덕을 성취"할 수 있다. 우리들 사바세계에서 재산가이든, 대통령이든, 내지 욕계·색계의 천왕, 주존主尊 등등 누구든 관계없이 모두 다 일시적으로 명성을 날릴 뿐이고, 복보를 누린 후에는 추락하여 큰 의미가 없을 것이다. 그렇지만 일단 당신이 극락세계에 태어나면 미래제가 다하도록 무량무변의 공덕·이익이 당신을 맞이할 것이다. 그것은 지극히 광명, 찬란한 여정이다. 그후 끊임없이 보리도에서 승진하고, 한 걸음 한 걸음 일체 공덕을 원만히 이루며, 재빨리 불과를 성취하여 시방세계 무량무수의 중생들을 두루 제도할 것이다.

아미타 부처님 본원바다의 힘은 바로 일체 인연 있는 사람들을 가피하여 신속히 불도를 원만히 이루고자 한다. 그래서 만약 우리들이 부처님의 자비심에 순응할 수 있어 곧 아미타 부처님에 대해 신심을 내고, 나아가 극락국토에 왕생을 서원하는 희구심을 일으키고, 진실한 믿음과 간절한 서원의 섭지攝持 하에 일심으로 염불하면 아미타 부처님 본원의 바다에 상응할 수 있을 것이다. 이렇게 정말 믿음과 발원을 일으킬 수 있는 사람은 큰 복덕이 있는 사람이다. 왜냐하면 다생 누겁 동안에 무량한 선근자량을 닦고 모은 적이 있어야 믿음과 발원을 일으킬 수 있고, 아미타 부처님 본원의 바다에 상응하여 극락세계에 왕생하게 될 것이다.

그래서 석가모니 부처님께서도 "적은 선근의 유정들은 무량수불의 극락세계 청정불토에 왕생할 수 없다."라고 말씀하셨다. 말하자면 선근이 적은 사람은 아미타 부처님의 극락국토에 태어날 수 없다. 이 말씀을 듣고서, 우리들은 이를 소중히 여기는 마음을 내어야 하고, 은중심(殷重心 ; 진실한 마음)을 내어야 하며, 왕생을 일생에서 가장 중대한 일로 생각해야 한다.

　윤회 속에는 근본적으로 어떠한 진실한 안락도 없음을 알아야 한다. 또한 일반적인 상황 아래 단지 자신의 능력에 의지하여 매우 짧은 시간 내에 출세간의 공덕을 성취하고, 생사를 해탈하고 싶어 하는 이 같은 희망은 비교적 막막한 것이다. 우리들에게 아직도 오취온五取蘊이 있다면 어쩔 수 없이 번뇌와 업의 힘에 견제되어 자재하지 못하다. 이렇게 계속하면 죽어서 또 태어나고, 태어나서 또 죽는다. 이렇게 끊임없이 유전해 가서 언제 비로소 끝맺을 수 있을지 모른다. 그렇지만 한번 극락세계에 왕생하면 모든 윤회의 큰 감옥에 구속된 상태에서 영원히 해탈할 것이다. 이로부터 이후에는 미래의 생명여정은 철저히 자유 안락으로 바뀔 것이다. 더 이상 번뇌와 업에 속박 받지도, 어떠한 생사의 근심 고통을 느끼지도 않을 것이다. 이로부터 이후에는 미래 생명의 여정 한가운데 단지 광명만 있을 뿐 암흑은 없고, 전진만 있을 뿐 퇴보는 없다.

　그래서 우리들은 구경원만한 경지에 이르기 위해서는 극락세계 왕생을 통과해야만 한다. 이것이 가장 장구한 이익이고, 가장 진실한 이익이다. 한 가지를 이루어 일체를 이루고, 한 가지를 끝내어 일체를 끝내는 관건이다. 왜냐하면 당신이 일대사(왕생)를 성취(成辦)하기만 하면 성불로 가는 길의 모든 일들은 가볍게 쉽게 성취할 수 있을 것이다. 당신이 이 일을 철저히 해결하기만 하면 일체 윤회속의 괴로움과 우환(苦患)을 전부 해결할 수 있을 것이다.

이 가장 근본적인 일대사인연에 대해 여러분들은 꼭 중시해야 하고 이번 기회를 꽉 붙잡아야 한다. 현재 우리들은 이미 이 특수한 법문을 알았고, 아미타 부처님의 대비원해大悲願海와 공덕장엄의 극락세계가 있음을 알았으며, 자기 자신이 진실한 마음으로 왕생을 발원하여 부처님 명호를 집지執持하면 반드시 왕생할 수 있음을 알았다. 이 때문에 꼭 환희심·은중심을 내어야 하고, 반드시 이 만겁에 만나기 어려운 좋은 기회를 꽉 붙잡아야 한다. 만약 이번 인연을 놓치면 어쩔 수 없이 계속해서 생사 한가운데 빠지고, 계속해서 번뇌가 일어나며, 업을 지어서 온갖 참기 어려운 근심 고통을 감수하게 된다. 다시 이 좋은 인연을 만나려면 오랜 시간이 지나야 함을 알지 못한다.

이상으로 우리들은 극락세계에 태어나길 구하겠다고 발원해야 한다고 말하였다. 아래 경문에서는 이 청정한 발원을 기초로 계념불란繫念不亂 ; 생각을 한곳에 매어 두어 산란하지 않음)하여 부처님과 불국토의 공덕을 억념憶念하고, 정업자량淨業資糧을 행지行持하여야 함을 말할 것이다.

제15품 집지명호의 행을 세워라[持名立行第十五]

15-1

또 사리자여! 만약 어떤 청정한 믿음을 지닌 선남자나 선여인들이 무량수불의 무량무변하고 불가사의한 공덕 명호와 극락세계의 공덕 장엄을 듣고, 듣고 나서 사유하여 만약 하루 밤낮이나 혹 이틀이나 사흘이나 나흘이나 닷새나 엿새나 이레 동안 생각을 매어두고 산란하지 않는다면 이 선남자나 선여인이 목숨이 다하려 할 때, 무량수불께서 그 무량한 성문제자들·보살성중과 함께 앞뒤로 둘러싸고 그의 앞에 와서 머물러 계시며 자비로 도우셔서 마음을 산란하지 않게 하시나니, 이미 목숨을 마치고 나서는 부처님과 회중을 따라 무량수불의 극락세계 청정불토에 태어날 것이니라.

"又, 舍利子! 若有淨信諸善男子或善女人, 得聞如是無量壽佛無量無邊不可思議功德名號·極樂世界功德莊嚴, 聞已思惟, 若一日夜, 或二·或三·或四·或五·或六·或七, 繫念不亂. 是善男子或善女人臨命終時, 無量壽佛與其無量聲聞弟子·菩薩衆俱前後圍繞, 來住其前, 慈悲加佑, 令心不亂; 旣捨命已, 隨佛衆會, 生無量壽極樂世界淸淨佛土."

[강기]

석가모니 부처님께서 가르침의 말씀을 베푸셨다. "사리자여! 만약 어떤 청정한 신심을 구족한 선남자나 선여인이 아미타 부처님께서 무량무변의 불가사의한 공덕을 구족한 명호와 극락세계의 갖가지 공덕장엄을 듣고, 듣고 난 후 마음속에 그것에 대해 억념·사유하길, 하루 밤낮을 경과하거나, 이틀 밤낮이나 사흘 밤낮이나 나흘 밤낮이나 닷새 밤낮이나 엿새 밤낮이나 이레 밤낮을 한마음으로 계념繫念하여 전혀 산란하지 않으면, 그런 만큼 이 선남자나 선여인이 임종하려 할 때 아미타 부처님과 한량없는 성문제자·모든 대보살들이 다 같이 그의 면전에 이르러 그의 몸을 둘러싸고 계시면서 자비로 가지加持·호우護佑하여 그의 마음을 산란하지 않게 하신다. 그가 이번 일세에 목숨을 버린 후 아미타 부처님과 청정해회 대중을 따라 아미타 부처님의 청정국토에 태어날 것이다."

여기서는 위에서 말한 부처님과 불국토의 공덕장엄을 듣고 만약 하루 밤낮 내지 이레 밤낮 동안 그것에 생각을 매어두고 산란하지 않으면 임종시에 부처님과 성중께서 접인하여 극락세계에 왕생할 수 있음을 말하고 있다. 이른바 '계념불란繫念不亂'이란 바로 자신의 마음을 계속해서 아미타 부처님의 명호에 두거나 극락세계의 공덕 장엄에 두는 것을 가리킨다. 세간 법으로 비유하면 마치 한 사람을 사랑하게 되면 자기도 모르게 그 사람을 그리워하여, 길을 가도 그 사람을 생각하고, 앉아도 그 사람을 생각하며, 차를 마셔도 그 사람뿐이고, 식사를 해도 그 사람뿐이고, 깨어나도 그 사람뿐이고, 꿈속에서도 그 사람뿐이니, 무슨 일을 하더라도 그 사람을 잊지 않고 시시각각 마음이 그 사람과 떨어지지 않는 것과 같다……요컨대 어느 때 어느 곳이든 자기의 마음을 한 곳에 둠을 '계념'이라 한다. 여기서 한 곳에 둠이란 바로 생각생각 모두 아미타 부처님이어야 하고, 한 마음으로 극락세계를 잊지 않음을 뜻한다. 자기의 마음을 완전히 이 곳에 묶어 두고 추호도 떼어놓지 않음이다. 이는 고덕께서 "생각생각 서방정토를 여의지 않고, 생각생각 저 아미타 부처님을 뵙길 원한다(念念不離西方淨土, 念念願見彼佛彌陀)"[19]라고 하신 말씀과 같다. 만약 당신이 이렇게 언제나 아미타 부처님을 염念할 수 있다면 당신은 아미타 부처님과 매우 긴밀하게 소통할 수 있을 것이다. 이렇게 생각생각 끊어지지 않고 계속해서 지속적으로 해나가면 매우 큰 힘이 생길 것이다. 임종에 이를 때 이 생사의 난관을 순조롭게 보낼 수 있을 것이다.

일반인이 임종할 때는 악업惡業이 현전하고 온갖 괴로움이 온 몸을 휘감는다. 설령 악업이 특별히 깊고 무겁지 않을지라도 사대四大가 분해되는 고통을 겪어야 한다. 그런 종류의 고통은 마치 살아있는 거북이가 허물을 벗거나, 게가 끓는 탕에 빠진 것과 같이 몸과 마음을 핍박하는 것이니, 그 괴로움은 이루 말로 표현할 수 없다. 그래서 마음이 매우 산란하고 근본적으로 안주할 수 없다. 평상시 선정공부를 매우 잘하여 너무나 뛰어난 대 수행인이라야 임종시에 마음이 전도되지 않고, 일심불란一心不亂할 수

---

19) 출처 『용서정토문서龍舒淨土文序』

있다.

　비록 우리들이 이렇게 수행공부를 잘 하지 못했을지라도 만약 위에서 말한 것처럼 부처님을 생각하고 극락국토를 생각하여, 하루 내지는 칠일 동안 한 마음으로 계념을 달성할 수 있다면 아미타 부처님과 감응할 수 있다. 임종에 이를 때 아미타 부처님과 수많은 성문중·보살성중들이 자기의 몸을 둘러싸고 계신다. 당신이 한번 부처님을 친견하게 되고 부처님의 자비 가피를 입을 때 부처님의 힘이 당신의 마음속으로 주입됨으로 말미암아 당신은 문득 큰 안심(安慰)을 느끼게 되어 두려워하지도, 당황하고 산란하지도 않을 것이다. 그때 정념正念이 분명하여 마치 선정의 경계에 들어간 것과 같이 몸과 마음이 기쁘고 안락하다. 이렇게 되면 부처님과 성중들을 따라 극락세계에 왕생할 수 있다. 우리들이 수많은 왕생전往生傳을 보면 재가자이든 출가자이든, 지식이 있든 지식이 없든 임종 때에는 모두 세상을 매우 잘 떠난다. 이는 불력佛力의 가지加持가 지극히 불가사의함을 증명하고, 염불인이 임종시에 마음이 당황하고 산란하지 않으며 정념상태에서 왕생할 수 있음을 증명한다.

　아래 경문에서는 세존께서는 다시 한번 우리들에게 믿음을 내고 발원하며 말씀하신 대로 수행하길 권하신다. 이로 말미암아 결정코 극락세계에 왕생하여 무상보리를 빠르게 증득할 수 있다.

제16품 신 · 원 · 행으로 증명하라[信願行證第十六]

16-1

또 사리자여! 내가 이와 같이 이익과 안락을 지닌 일대사인연을 관찰하고, 참되고 성실한 말씀을 하시는 것이니, 만약 어떤 청정한 믿음을 지닌 선남자나 선여인들이 이와 같은 무량수불의 불가사의한 공덕 명호와 극락세계 청정불토를 듣는 이는 누구나 다 믿고 받아들여서 발원할지니, 말한 대로 수행하면 저 불국토에 태어날 것이니라.

"又, 舍利子! 我觀如是利益安樂大事因緣, 說誠諦語. 若有淨信諸善男子或善女人, 得聞如是無量壽佛不可思議功德名號 · 極樂世界淨佛土者, 一切皆應信受發願, 如說修行, 生彼佛土."

[강기]

부처님께서 말씀하셨다. "또한, 사리자여! 내가 이렇게 이익과 안락을 지닌 일대사인연을 관찰하여 내가 말한 것은 완전히 진실한 언어이다. 만약 어떤 청정한 믿음을 구족한 선남자나 선여인이 이러한 아미타 부처님의 불가사의한 공덕명호 및 극락세계 청정불토가 있음을 듣게 되면 모두 다 그것을 믿고 받아들여야 하고, 극락세계에 태어나길 구하겠다고 발원해야 하며, 내가 가르친 대로 수행한다면 아미타 부처님의 극락국토에 왕생할 수 있을 것이다."

앞에서 석가모니 부처님께서 극락세계에 있는 의보와 정보의 공덕장엄을 완전히 설한 후 우리들에게 "모두 저 불국토에 태어나길 발원하라"고 권유하셨다. 여기서 세존께서는 다시 한번 우리들에게 극락세계에 왕생하길 발원하라고 권유하셨다.

우리들은 항상 극락세계에 태어나길 구하라는 석가모니 부처님의 가르침을 따라야 한다고 말하는데, 이 경전에서 매우 또렷하게 볼 수 있다. 즉 그 당시 『아미타경』을 설법하는 법회에서 본사 석가모니 부처님께서는 몇 번이고 되풀이해서 중생들에게 극락세계에 태어나길 구하라고 권유하셨다. 우리는 부처님과 부처님 사이에는 질투심이 없고, 그분들께서는 오직 우리들 중생들이 괴로움을 여의고 즐거움을 얻을 수 있길 희망하시고 계심을 알고 있다. 오직 고려하시는 것은 중생의 이익뿐이다. 그래서 석가모니 부처님께서 대비심으로 주도면밀하게 관찰한 후 극락세계 왕생을 발견하셨고, 우리들 사바세계 중생들에게 매우 큰 이익이 있다고 말씀하셨다. 이에 고구정녕 자비심으로 이 세계 중생에게 아미타 부처님의 극락국토에 태어나길 구하라고 권유하셨다.

이렇게 석가모니 부처님께서는 사바세계에서 중생을 위해 아미타 부처님과 극락세계의 공덕장엄을 널리 말씀하셨다. 마찬가지로 시방세계에 계시는 아주 많은 부처님께서도 아미타 부처님과 극락세계를 찬탄하고 계신다.

우리는 아미타 부처님의 명성이 두루 시방세계에 전해졌음을 알아야 한다. 우리들 이 세계에서는 거의 모든 사람들이 아미타 부처님을 알고 있다. 외도와 부처님을 믿지 않은 사람 등등을 포함해서 모르는 사람이 거의 없다고 말할 수 있다. 그렇지만 다른 부처님은 그렇지가 않아서 우리들 이 세계의 교주이신 석가모니 부처님을 포함해서 다른 부처님들은 많은 사람들이 모르고 있다. 서원 중에 대웅전에 받들어 모신 불상을 보면 여래불이라고 한다. 이것은 『서유기西遊記』의 영향에서 비롯한 것이다. 그리고 기타 약사불藥師佛 · 불공성취불不空成就佛 · 아촉불阿閦佛 등등의 부처님을 아는 사람은 더욱 더 적다.

이렇게 아미타 부처님의 명호는 실제로 널리 전해져서 바로 아미타 부처님 본원의 바다를 원만히 성취하는 것이 진실로 실현되었다. 법장보살의 제17대원 중에서는 "내가 부처가 될 때에 시방세계 무량제불께서 모두 다 나의 이름을 찬탄하지 않는다면 정각을 취하지 않겠나이다" 라고 말씀하셨다. 현재 이 대원은 이미 원만히 실현되었고, 이미 사실이 되었다. 그래서 아미타 부처님께서는 모든 법계에서 지명도가 가장 높은 부처님이다. 우리들 이 세계뿐만 아니라 시방 무량무수 세계를 포함해서 아미타 부처님의 명호는 대중에게 두루 알려져 있다.

아래 경문에서는 석가모니 부처님과 시방의 모든 부처님께서 아미타 부처님, 극락세계와 극락정토법문의 진실한 상황을 하나하나 소개하신다.

제17품 시방세계 부처님께서 찬탄하시다[十方佛贊第十七]

17-1

또 사리자여! 내가 지금 무량수불의 무량무변하고 불가사의한 불국토 공덕을 칭양하고 찬탄하는 것처럼 이와 같이 동방에도 역시 현재 부동여래 · 산당여래 · 대산여래 · 산광여래 · 묘당 여래 등 이와 같은 항하의 모래 알 만큼이나 많은 부처님께서 동방에 머물러 계시며, 자신의 불국정토에서 각각 광장설상을 내미시어 삼천대천세계를 두루 덮고 주위를 둘러싸고서, 참되고 성실한 말씀으로 이르시길, "너희 유정들은 모두 이와 같이 불가사의한 불국토 공덕을 칭찬하신 모든 부처님께서 섭수하시는 법문을 믿고 받아들여라" 하시니라.

"又, 舍利子! 如我今者, 稱揚贊歎無量壽佛無量無邊不可思議佛土功德; 如是東方亦有現在不動如來 · 山幢如來 · 大山如來 · 山光如來 · 妙幢如來, 如是等佛如殑伽沙住在東方, 自佛淨土各各示現廣長舌相遍覆三千大千世界周匝圍繞, 說誠諦言:'汝等有情皆應信受如是稱贊不可思議佛土功德一切諸佛攝受法門.'"

[강기]

"또 사리자여! 내가 지금 아미타 부처님의 무량무변하고 불가사의한 불국토 공덕을 칭양하고 찬탄하는 것처럼 마찬가지로 우리들 이 세계의 동방에서도 현재 세간에 머물러 계시는 부동여래·산당여래·대산여래·산광여래·묘당여래 등등이 있고, 이와 같은 부처님께서 항하의 모래알 수만큼 그렇게 많이 계신다. 그들은 모두 동방에 안주하고 계시며, 자신이 머물러 계신 불국토로부터 광장설상을 내미시어 삼천대천세계를 두루 덮고, 주위를 둘러싸고 계신다. 그들이 교화하는 중생들에게 진실한 말씀으로 이르시길, '너희 유정들은 모두 불가사의한 불국토 공덕을 이렇게 칭찬하는 일체 제불께서 섭수하시는 법문을 믿고 받아들여라'고 하신다."

광장설상을 보여 믿기 어려운 법문을 증명하신다

"광장설상을 내미시어 삼천대천세계를 두루 덮고 주위를 둘러싸고서" 이렇게 삼천대천세계를 널리 덮는 광장설상으로부터 모든 부처님께서 말씀하신 언어가 털끝만큼의 거짓말도 없고 절대로 진실한 것임을 알 수 있다. 왜냐하면 만약 거짓말의 습기習氣가 아직 있다면 광장설상廣長舌相을 지닐 수 없다. 『금강선론金剛仙論』에서는 "삼대아승지겁으로부터 일찍 거짓말을 한 적이 없기 때문에 광장설상을 얻는다."라고 말한다. 곧 삼대아승지겁 동안에 어떠한 거짓말도 하지 않아야 광장설상을 얻을 수 있다. 『중아함경中阿含經』중에서는 "광장설이란 혀가 입에서 나와 얼굴을 널리 덮는다." 라고 말한다." 이 말은 광장설상이란 혀를 입에서 내밀어 얼굴을 완전히 덮을 수 있다는 뜻이다.

현재 모든 부처님께서 내미신 혀의 모습은 얼굴 부위를 덮는 것에 그치는 것이 아니라 삼천대천세계를 전부 덮는 것이다! 그렇다면 모든 부처님께서 이와 같은 모습을 시현하시는 목적은 무엇인가? 『대지도론大智度論』20)에서 말씀하셨다. 반야법문은 매우 깊어서 알고 이해하기가 어렵고, 믿고 받아들이기가 어려우므로 부처님께서는 광장설상을 내미시어 삼천대천세계를 널리 덮어 증명해 보이셨다. 이러한 혀의 모습이 있어 말씀한 언어가 절대로 진실하여 허망하지 않음을 표명할 수 있다. 이 때문에 우리들은 추호의 의심도 품지 말고 신수봉행信受奉行하여야 한다.21)

마찬가지 이치로 아미타 부처님의 정토법문도 매우 깊어서 알고 이해하기가 어렵고, 믿고 받아들이기가 어려운 것이다. 그래서 모든 부처님께서 삼천대천세계를 널리 덮는 광장설상을 내미시어 말씀하신 말이 반드시 진실하여 거짓이 없음을 밝히기 위해 사용하였다. 우리들은 앞에 나온

---

20) 『대지도론』: "마하반야바라밀다는 매우 깊고, 이해하기 어렵고, 알기 어려우며, 믿어 받아들이기 어렵다, 이런 까닭에 광장설상을 내밀어 증명하였다. 혀의 상이 이러하여 말씀이 진실하다."
21) 『대방광사자후경大方廣師子吼經』: "너희들은 알아라. 여래의 광장설상은 진실어로 말미암고, 여래께서 말씀한 것을 존경하여 받들어 진실한 믿음을 일으키며, 주저함도 품지 말고 의혹을 내지 말라."

경문을 학습하고서, 극락국토에 있는 무량무변의 공덕장엄은 그 경계의 깊이와 넓이에 관계없이 미묘한 정도를 미루어 보면 모두다 언어와 사유를 뛰어넘는 범주임을 알게 되었다.

이렇게 매우 깊고 미묘한 경계는 십지보살 조차도 추측할 수 없다. 오직 구경에 단증斷證22) 원만한 부처님이라야 꿰뚫어 볼 수 있고 구경에 알 수 있으며, 우리들을 위해 증명할 수 있다. 말하자면 이것은 근본적으로 범부의 근과 식으로는 알 수 없고, 아직 닦을 것이 남은 유학도有學道의 성자, 보살의 지혜로도 꿰뚫어 볼 수 없으며, 더욱이 단지 비량(比量; 논리적 추론에 의한 간접적 인식)에 의지해서는 추측할 수도 없다. 그래서 오직 모든 부처님의 유가현량(瑜珈現量; 경계의 모습을 그대로 각지覺知하는 것. 요가수행을 통해 얻어짐)으로만 철저히 알 수 있다. 부처님의 유가현량으로써 정토경교淨土經敎를 널리 펴셨기 때문에 정토법문은 성교량(聖敎量; 부처님의 진술)으로 성립되었다고 말할 수 있다.

본원의 바다는 광대하여 시방중생을 두루 섭수하신다

아미타 부처님께서 인지因地에서 계실 때 가장 높은 수증修證을 지닌 보살 신분으로 지극히 위대한 서원을 발하셨다. 이 때문에 아미타 부처님

---

22) 단증(斷證)은 모든 번뇌 망상을 끊고 성문의 경지나 연각의 경지 또는 십지十地 보살 이상의 수승한 경지를 검증한 수행의 경지를 나타낸다.

본원의 바다는 시방삼세 일체중생을 두루 섭수하시니, 그것은 하늘처럼 두루 덮고 땅처럼 두루 받드는, 견줄 수 없을 만큼 광대한 법문이다. 이러한 극락정토 법문은 마치 큰 바다와 같아 시방세계의 성자와 범부를 삼켜 들이고, 온 법계의 유정들을 섭수하실 수 있다. 아미타 부처님 본원바다의 감화로 시방세계 가운데 무량무수의 유정들은 물이 바다로 돌아가고, 자식이 어머님께로 돌아가듯이 아미타 부처님의 품안으로 전부 찾아든다. 그래서 아미타 부처님께서 우리들 세계의 사람만을 섭수하신다고 생각할 필요 없이 그분께서는 허공이 다하도록 두루 법계의 일체중생을 섭수하신다.

게다가 아미타 부처님께서는 시방세계 중에서 매우 특별한 부처님(尊佛)이시다. 그분께서는 무량한 수명·광명과 권속을 지니고 계신다. 말하자면 그분께서 불과를 성취하신 이래, 극락세계가 형성된 후 미래제가 다하도록 무량무수 대겁 가운데 안온히 머물러 계시며, 언제나 무량무변의 광명을 발하고, 시방 일체 구역을 두루 덮고서, 일체 염불중생을 섭수하고 계신다. 우리들 중생의 입장에서는 단지 부처님의 광명 비춤을 입어서 부처님의 광명 섭수를 얻기만 해도 극락세계로 섭지받아 매우 빨리 성불할 수 있다.

이와 같을 뿐만 아미라 실제로 극락세계에는 어떠한 국한성도 없어 일체 인연 있는 중생을 섭수할 수 있고, 국토의 경계도 없어 그것은 시방세계 일체 국토를 향해 개방되어 있다. 이 때문에 무량 무수의 중생들이 연이어 끊어지지 않고 그곳에 왕생한다. 너무나 희유한 것은 극락국토에 수용할 수 있는 양이 지극히 광대하여 좀 더 많은 사람들이 왕생하여도 조금도 혼잡하고 협소한 모습이 없다는 것이다. 국토로부터 어떤 한 점에서 출발해서 하나의 방향으로 걸어가도 아무리 긴 시간이라도 관계없이 변제에 도달할 수 없다. 『왕생론』에서 "구경은 허공과 같고 광대함에 변제(가장자리)가 없다" 말한 것과 같다. 극락세계는 영원하고 매우 넓어서 허공과 같다. 이래야 시방의 무수한 세계에 있는 유정들을 섭수하여 왕생시킬 수 있다. 그래서 아미타 부처님의 권속은 무량하고, 극락국토의 광대한 크기는 지극히 희유하고 불가사의하다. 이와 같이 남방·북방·상방·하방, 요컨대 일체 방위, 일체세계에 사는 중생들에게 모두 극락세계에 왕생할 수 있는 기회가 있다.

모든 부처님은 같은 마음으로 왕생을 두루 권하신다

아미타 부처님의 대비원해大悲願海는 너무나 불가사의하다. 이것은 지극히 큰 이익과 안락을 지닌 일대사인연이다.

전체 법계에는 무량무수의 세계가 있고, 그 속에는 무량무수의 부처님께서 계신다. 각 부처님의 교법教法 기간 안에는 모두 중생에 대해 견줄 수 없을 만큼 수승한 이익이 있는 법문을 널리 펴시는데, 이것이 바로 극락정토 법문이다.

우리들은 모든 부처님께서는 사심이 없고, 유일하게 실행한 것은 중생을 이롭게 하는 사업이라는 것을 알고 있다. 법장보살께서 발하신 대원, 건립하신 국토는 모든 인연 있는 중생을 섭수하여 왕생하게 하고, 한번 왕생으로 불퇴전지不退轉地를 증득해 들어가게 하며, 생각생각 보현행원을 증장시켜 신속히 무상정각을 성취하게 할 수 있다. 모든 부처님께서는 이 점을 완전히 알고 계시고, 무량한 중생이 단지 아미타 부처님 본원의 바다에 상응하여 극락국토에 태어나기만 하면 신속히 성불할 수 있음을 알고 계신다. 이 때문에 법장보살은 무량겁의 수행을 통해서 마침내 공덕이 원만하여 성불을 시현하실 때 시방세계 제불께서 모두 자신의 교화중생들에게 극락세계에 왕생하길 발원하라고 권유하신다.

마찬가지로 우리 사바세계에서 석가모니 부처님께서도 거듭 위촉하여 "나는 이러한 이익과 안락이 있음을 확실히 관찰하였고, 말한 것은 모두 가장 진실한 언어이다." 라고 말씀하셨다. 그래서 당신들은 아미타 부처님의 불가사의한 공덕 명호와 극락세계의 이러한 지극히 신묘한 불가사의한 불국토를 들은 후 모두 나의 말을 믿어야 하고, 나의 가르침을 신수信受하고, 발원하며, 말한 대로 수행하면 꼭 이 불국토 안에 태어날 것이다. 이것이 내가 이 세계에 와서 성도成道를 시현하였고, 설법한 일대사인연이다. 내가 말한 것에 따라 하기만 하면 꼭 극락세계에 왕생할 희망이 있고, 이렇게 성불하는 것도 멀지 않을 것이다.

본사 석가모니 부처님께서 우리들에게 이렇게 반복해서 극락세계에 태어나길 발원하라고 권유하신 까닭은 바로 예토에 사는 수많은 중생들이 자력에만 의지하여 성취하는 것이 매우 곤란하기 때문이고, 이 세계에서는 곳곳마다 오염된 인연이 가득하여 수행은 쉽게 진보·증장하지 않고 오히려 쉽게 퇴보·타락하기 때문임을 알아야 한다. 그렇지만 극락세계에서는 전부 청정한 인연이 중생들에게 수승한 가지加持를 수여할 수 있고 수도하는 과정을 매우 순조롭고 신속하게 바꾸어 줄 것이다. 그래서 예토에 있는 중생의 경우 극락세계에 왕생할 필요가 정말로 존재한다.

당연히 다른 청정불토에 있는 유정들의 경우도 극락세계에 왕생할 필요가 정말로 존재한다. 왜냐하면 아미타 부처님 서원의 바다는 청정찰토에 있는 중생들도 똑같이 섭수하기 때문이다. 보살들은 극락세계에 왕생한 후 보현행원을 신속히 원만히 행하고 무상보리를 재빨리 성취할 수 있다.

그래서 우리 사바세계뿐만 아니라 곳곳에서 아미타 부처님을 생각하고 모두 극락국토에 태어나길 희구한다. 석가모니 부처님께서는 우리들에 일러 주신다. 동방으로부터 변제가 보이지 않는 공간영역에 가서 관찰하면 항하의 모래 알 만큼이나 많은 세계 속의 모든 부처님도 아미타 부처님을 위해 선전자가 되어 본토의 인연 있는 중생들에게 "저 불가사의한 불국토 공덕을 칭찬하는 일체 제불께서 섭수하시는 법문을 믿고 받들어라."라고 이르신다.

이와 같이 시방세계에서는 항하의 모래 알 만큼이나 많은 제불께서 모두 이렇게 말씀을 펴서 중생들에게 왕생하길 권유하신다. 이는 극락정토 법문이 아주 수승하고 매우 불가사의함을 완전히 증명하는 것이다. 왜냐하면 만약 아미타 부처님 본원의 바다가 수승하지 않고 이렇게 매우 깊고 불가사의한 성취가 없다면 모든 부처님께서 어찌 이렇게 말씀을 은중하게 펼치실 수 있겠는가? 또한 어찌 본토의 중생들에게 왕생하라고 권유할 수 있겠는가? 게다가 만약 극락세계의 공덕이 매우 일반적이고 그렇게 수승하지 못하다면, 시방세계에 있는 무량무수의 성자와 범부들은 또한 어찌 왕생을 희구할 수 있겠는가? 우리 사바세계에서 모두 다 잘 알고 있는 각 종파 내부에 매우 많은 조사·대성취자, 그들은 모두 다 극락세계에 왕생하셨다. 이는 결정코 지극히 깊고 수승한 법문임을 알 수 있다.

　더욱이 앞에서 말하였지만 극락정토법문에 대해 중생의 분별심으로는 근본적으로 짐작할 수 없고, 그것은 완전히 우리들 심식의 범주를 뛰어넘어 믿고 받아들이기 어려운 법문이다. 이 때문에 모든 부처님께서는 광장설상을 내미시어 중생들에게 권유하심은 우리들에게 신심을 내어 가르침에 따라 봉행하도록 하기 위함이다.

　현재 수많은 사람들은 단지 『금강경』만 즐겨 독송할 뿐, 『아미타경』은 즐겨 보고 있지 않는다. 정토법문은 매우 간단하고, 매우 낮으며, 그리 수승하지 않다고 여기며, 극락세계에 왕생을 통하여 성불하는 것은 매우 느리다 등등의 생각을 갖고 있다. 이렇게 정토법문을 경시하고 왜곡하는 것은 그들이 아미타 부처님 본원의 바다와 정토법문을 그다지 잘 알지 못함을 입증한다. 또한 여기서 석가모니 부처님께서는 "모든 부처님께서 시방세계에서 삼천대천세계를 두루 덮는 광장설상을 내미시어 중생들이 이 불가사의한 법문을 믿고 받아들이라고 권유하신다" 라고 친히 말씀하셨다. 그래서 이것은 지극히 광대하고 큰 진실한 이익을 얻을 수 있는 법문으로 너무나 수승하고 너무나 희유하여 얻기 어렵다.

　그래서 우리들은 꼭 이 단락의 내용을 매우 잘 사유하여야 하고, 부처님에 대해 온 마음으로 신앙을 일으켜야 한다. 이것은 지극히 깊어 헤아리기 어렵고, 미묘하며, 불가사의한 법문임을 명백히 알아야 한다. 아미타 부처님 본원의 바다를 믿고 의지하면 결정코 순조롭고 신속하게 성불할 수 있다. 당신의 마음속으로 이 법문에 대해 승해의 믿음을 일으키고, 완전히 단정을 내려야 진정으로 왕생을 구하는 원을 일으킬 수 있고, 확고히 정업수행에 몸 바칠 수 있다. 이와 같이 온 몸과 온 마음으로 여기에 뛰어들면 임종시에 아주 희망적으로 순조롭게 극락세계에 왕생할 것이다.
　이상에서 석가모니 부처님께서 동방여래께서 자기의 교화대상인 유정들에게 정토법문을 믿고 받아들이라고 권유하셨다고 강술한 것에 대해 비교적 상세하게 해석하였다. 아래에는 세존께서 계속해서 남방 · 서방 · 북방 등 다른 방위의 모든 부처님께서 본토의 유정들에게 이 법문을 믿고 받아들이라고 권유하시는 상황을 설명하신다.

17-2

또 사리자여! 이와 같이 남방에도 역시 현재 일월광여래 · 명칭광여래 · 대광온여래 · 미로광여래 · 무변정진여래 등 이와 같은 항하의 모래 알 만큼이나 많은 부처님께서 남방에 머물러 계시며, 자신의 불국정토에서 각각 광장설상을 내미시어 삼천대천세계를 두루 덮고 주위를 둘러싸고서, 참되고 성실한 말씀으로 이르시길, "너희 유정들은 모두 이와 같이 불가사의한 불국토 공덕을 칭찬하신 모든 부처님께서 섭수하시는 법문을 믿고 받아들여라" 하시니라.

> "又, 舍利子! 如是南方亦有現在日月光如來 · 名稱光如來 · 大光蘊如來 · 迷盧光如來 · 無邊精進如來, 如是等佛如殑伽沙, 住在南方, 自佛淨土各各示現廣長舌相遍覆三千大千世界周匝圍繞, 說誠諦言: 汝等有情皆應信受如是稱贊不可思議佛土功德一切諸佛攝受法門."

17-3

또 사리자여! 이와 같이 서방에도 역시 현재 무량수여래 · 무량광여래 · 무량당여래 · 대자재여래 · 대광여래 · 광염여래 · 대보당여래 · 방광여래 등 이와 같은 항하의 모래 알 만큼이나 많은 부처님께서 서방에 머물러 계시며, 자신의 불국정토에서 각각 광장설상을 내미시어 삼천대천세계를 두루 덮고 주위를 둘러싸고서, 참되고 성실한 말씀으로 이르시길, "너희 유정들은 모두 이와 같이 불가사의한 불국토 공덕을 칭찬하신 모든 부처님께서 섭수하시는 법문을 믿고 받아들여라" 하시니라.

"又, 舍利子! 如是西方亦有現在無量壽如來・無量蘊如來・無量光如來・無量幢如來・大自在如來・大光如來・光焰如來・大寶幢如來・放光如來, 如是等佛如殑伽沙, 住在西方, 自佛淨土各各示現廣長舌相遍覆三千大千世界周匝圍繞, 說誠諦言: 汝等有情皆應信受如是稱贊不可思議佛土功德一切諸佛攝受法門."

17-4

또 사리자여! 이와 같이 북방에도 역시 현재 무량광엄통달각혜여래・무량천고진대묘음여래・대온여래・광망여래・사라제왕여래 등 이와 같은 항하의 모래 알 만큼이나 많은 부처님께서 북방에 머물러 계시며, 자신의 불국정토에서 각각 광장설상을 내미시어 삼천대천세계를 두루 덮고 주위를 둘러싸고서, 참되고 성실한 말씀으로 이르시길, "너희 유정들은 모두 이와 같이 불가사의한 불국토 공덕을 칭찬하신 모든 부처님께서 섭수하시는 법문을 믿고 받아들여라" 하시니라.

"又, 舍利子! 如是北方亦有現在無量光嚴通達覺慧如來・無量天鼓震大妙音如來・大蘊如來・光網如來・娑羅帝王如來, 如是等佛如殑伽沙, 住在北方, 自佛淨土各各示現廣長舌相遍覆三千大千世界周匝圍繞, 說誠諦言:

'汝等有情皆應信受如是稱贊不可思議佛土功德一切諸佛攝受法門.'"

17-5

또 사리자여! 이와 같이 하방에도 역시 현재 시현일체묘법정리상방화왕승덕광명여래 · 사자여래 · 명칭여래 · 예광여래 · 정법여래 · 묘법여래 · 법당여래 · 공덕우여래 · 공덕호여래 등 이와 같은 항하의 모래 알만큼이나 많은 부처님께서 하방에 머물러 계시며, 자신의 불국정토에서 각각 광장설상을 내미시어 삼천대천세계를 두루 덮고 주위를 둘러싸고서, 참되고 성실한 말씀으로 이르시길, "너희 유정들은 모두 이와 같이 불가사의한 불국토 공덕을 칭찬하신 모든 부처님께서 섭수하시는 법문을 믿고 받아들여라"하시니라.

"又, 舍利子! 如是下方亦有現在示現一切妙法正理常放火王勝德光明如來 · 師子如來 · 名稱如來 · 譽光如來 · 正法如來 · 妙法如來 · 法幢如來 · 功德友如來 · 功德號如來, 如是等佛如殑伽沙, 住在下方, 自佛淨土各各示現廣長舌相遍覆三千大千世界周匝圍繞, 說誠諦言: 汝等有情皆應信受如是稱贊不可思議佛土功德一切諸佛攝受法門."

17-6

또 사리자여! 이와 같이 상방에도 역시 현재 범음여래 · 숙왕여래 · 향광여래 · 여홍련화승덕여래 · 시현일체의리여래 등 이와 같은 항하의 모래 알 만큼이나 많은 부처님께서 상방에 머물러 계시며, 자신의 불국정토에서 각각 광장설상을 내미시어 삼천대천세계를 두루 덮고 주위를 둘러싸고서, 참되고 성실한 말씀으로 이르시길, "너희 유정들은 모두 이와 같이 불가사의한 불국토 공덕을 칭찬하신 모든 부처님께서 섭수하시는 법문을 믿고 받아들여라" 하시니라.

"又, 舍利子! 如是上方亦有現在梵音如來 · 宿王如來 · 香光如來 · 如紅蓮華勝德如來 · 示現一切義利如來, 如是等佛如殑伽沙, 住在上方, 自佛淨土各各示現廣長舌相遍覆三千大千世界周匝圍繞, 說誠諦言: 汝等有情皆應信受如是稱贊不可思議佛土功德一切諸佛攝受法門."

17-7

또 사리자여! 이와 같이 동남방에도 역시 현재 최상광대운뢰음왕여래 등 이와 같은 항하의 모래 알 만큼이나 많은 부처님께서 동남방에 머물러 계시며, 자신의 불국정토에서 각각 광장설상을 내미시어 삼천대천세계를 두루 덮고 주위를 둘러싸고서, 참되고 성실한 말씀으로 이르시길, "너희 유정들은 모두 이와 같이 불가사의한 불국토 공덕을 칭찬하신 모든 부처님께서 섭수하시는 법문을 믿고 받아들여라" 하시니라.

"又, 舍利子! 如是東南方亦有現在最上廣大雲雷音王如來, 如是等佛如殑伽沙, 住東南方, 自佛淨土各各示現廣長舌相遍覆三千大千世界周匝圍繞, 說誠諦言:'汝等有情皆應信受如是稱贊不可思議佛土功德一切諸佛攝受法門.'"

17-8

또 사리자여! 이와 같이 서남방에도 역시 현재 최상일광명칭공덕여래 등 이와 같은 항하의 모래 알 만큼이나 많은 부처님께서 서남방에 머물러 계시며, 자신의 불국정토에서 각각 광장설상을 내미시어 삼천대천세계를 두루 덮고 주위를 둘러싸고서, 참되고 성실한 말씀으로 이르시길, "너희 유정들은 모두 이와 같이 불가사의한 불국토 공덕을 칭찬하신 모든 부처님께서 섭수하시는 법문을 믿고 받아들여라" 하시니라.

"又, 舍利子! 如是西南方亦有現在最上日光名稱功德如來, 如是等佛如殑伽沙, 住西南方, 自佛淨土各各示現廣長舌相遍覆三千大千世界周匝圍繞, 說誠諦言:汝等有情皆應信受如是稱贊不可思議佛土功德一切諸佛攝受法門."

17-9

또 사리자여! 이와 같이 서북방에도 역시 현재 무량공덕화왕광명여래 등 이와 같은 항하의 모래 알 만큼이나 많은 부처님께서 서북방에 머물러 계시며, 자신의 불국정토에서 각각 광장설상을 내미시어 삼천대천세계를 두루 덮고 주위를 둘러싸고서, 참되고 성실한 말씀으로 이르시길, "너희 유정들은 모두 이와 같이 불가사의한 불국토 공덕을 칭찬하신 모든 부처님께서 섭수하시는 법문을 믿고 받아들여라" 하시니라.

"又, 舍利子! 如是西北方亦有現在無量功德火王光明如來, 如是等佛如殑伽沙, 住西北方, 自佛淨土各各示現廣長舌相遍覆三千大千世界周匝圍繞, 說誠諦言: '汝等有情皆應信受如是稱贊不可思議佛土功德一切諸佛攝受法門.'"

17-10

또 사리자여! 이와 같이 동북방에도 역시 현재 무수백천구지광혜여래 등 이와 같은 항하의 모래 알 만큼이나 많은 부처님께서 동북방에 머물러 계시며, 자신의 불국정토에서 각각 광장설상을 내미시어 삼천대천세계를 두루 덮고 주위를 둘러싸고서, 참되고 성실한 말씀으로 이르시길, "너희 유정들은 모두 이와 같이 불가사의한 불국토 공덕을 칭찬하신 모든 부처님께서 섭수하시는 법문을 믿고 받아들여라" 하시니라.

"又, 舍利子! 如是東北方亦有現在無數百千俱胝廣慧如來, 如是等佛如殑伽沙, 住東北方, 自佛淨土各各示現廣長舌相遍覆三千大千世界周匝圍繞, 說誠諦言: 汝等有情皆應信受如是稱讚不可思議佛土功德一切諸佛攝受法門."

[강기]

"그 밖에 사리자여! 우리 이 세계의 남방에서 현재 세간에 머물러 계시는 일월광여래 · 명칭광여래 · 대광온여래 · 미로광여래 · 무변정진여래 등등 이와 같은 부처님께서 항하의 모래알 수만큼 그렇게 많이 계신다. 그들은 모두 남방에 머물러 계시며, 각자 자신의 불국토에서 머물러 계시며 광장설상을 내미시어 삼천대천세계를 두루 덮고서 널리 둘러싸고 계신다. 그들이 교화하시는 중생들에게 성실한 말씀으로 이르시길, '그대들 유정들은 모두 이와 같이 불가사의한 불국토 공덕을 칭찬하신 일체 제불께서 섭수하시는 법문을 믿고 받아들여라' 하신다."

뒤쪽의 서방 · 북방 · 하방 · 상방 · 동남방 · 하남방 · 서북방 · 동북방들도 같다. 현재 항하의 모래 알 만큼이나 많은 제불께서 각자 자신의 국토에서 머물러 계시며 광장설상을 내미시어 삼천대천세계를 두루 덮고서 본토의 중생을 위하여 성실한 말씀으로 중생들에게 이와 같이 불가사의한 불국토 공덕을 칭찬하신 일체 제불께서 섭수하시는 법문을 믿고 받아들여라 권유하신다.

이상으로 석가모니 부처님께서 열거하신 방식으로 간략하게 사방·사우四隅·상하·시방세계에 있는 모든 부처님께서 이런 불가사의한 극락국토의 공덕장엄을 칭찬하는 일체 제불께서 섭수하시는 법문을 믿고 받아들여라 권유하시고 계신다. 요컨대 모든 부처님께서 자신의 걸림 없는 지혜로 아미타 부처님께서 누겁의 대원대행大願大行으로 성취하신 불가사의한 불국토 공덕을 꿰뚫어 보셨다. 중생들은 단지 아미타 부처님 본원의 바다와 상응하기만 하면 아미타 부처님의 공덕을 섭수하여 자신의 공덕으로 삼을 수 있기 때문에 이것은 지극한 방편이자 중생들에게 이익과 안락을 줄 수 있는 일대사인연으로 법계 가운데 대사大事이다. 나아가 모든 부처님께서 인색할 수 없는 법이고, 자신이 교화하는 중생들에게 이렇게 수승한 아미타 부처님의 법문을 널리 펴시지 않을 수 없다. 그래서 시방세계 제불께서 모두 자신의 국토에 있는 유정들에게 극락세계에 왕생하라고 권유하신다.

아래 경문에서는 석가모니 부처님께서 이 경전의 주제를 일일이 명확하게 밝히신다.

제18품 경의 제목을 명시하다[明示經題第十八]

18-1

또, 사리자여! 무슨 인연으로 이 경의 제목을 「칭찬불가사의불국토공덕·일체제불소호념경」이라 이름하는가?

"又, 舍利子! 何緣此經名爲稱贊不可思議佛土功德一切諸佛攝受法門?

[강기]

"그렇다면, 사리자여! 무슨 인연으로 이 경의 제목을 「칭찬불가사의불국토공덕·일체제불소호념경」이라 하는가?"

여기서, 석가모니 부처님께서는 이 경전의 제목을 말씀하신다. 경명은 경을 총괄해서 나타내는 것(總標)으로 경전의 심요心要를 명확하게 밝힌다. 전체 경문에 담긴 뜻이 모두 경전의 제목, 한 마디로 귀섭歸攝될 수 있다.

현장대사께서 번역한 『아미타경』의 맥락은 너무나 분명하여 매우 또렷하게 볼 수 있다. 전체 경전은 두 가지 주제가 있는데, 우선 '칭찬불가사의불국토

공덕'은 본경의 전반부로 불가사의한 불국토 공덕을 칭찬하는 것이다. 즉 석가모니 부처님께서 극락국토의 의보공덕과 정토공덕을 하나하나 칭양·찬탄하시고 매 공덕 마다 말씀을 끝맺으면서 극락불국토의 공적장엄이 매우 좋고 즐거워서 「극락세계」라 한다고 강조하신다. 우리들은 이들 극락불국토의 기정세계器情世界의 공덕장엄을 이해한 후 일체 불가사의한 불국토 공덕을 인연하여 기뻐하며 구하고(欣求)·향해가는(向往) 마음을 내어 극락세계에 왕생하길 발원하여야 한다.

그리고 '일체제불섭수법문'은 후반부로 아미타 부처님의 정토법문은 일체 제불께서 섭수하시는 법문이라는 뜻이다. 여기서 우리는 아미타 부처님 본원의 바다는 큰 바다가 백 개의 하천을 삼켜 들이는 것과 같고, 광대하고 끝이 없으며, 시방세계 일체중생을 두루 거두어들이는 것을 알 수 있다. 아미타 부처님 정토법문의 핵심은 아미타 부처님이심을 알아야 한다. 그리고 아미타 부처님을 이해하는 관건은 아미타 부처님 본원의 바다를 통하여야 한다.

아미타 부처님의 대원은 지극히 불가사의하다. 아미타 부처님은 시방세계에 있는 일체중생을 섭수하시고, 일체 공덕명호를 두루 전하신다. 현재 아미타 부처님 본원의 바다는 이미 원만히 성취되었고, 그래서 시방세계 일체 제불께서 모두 다 충심으로 아미타 부처님 본원의 바다를 찬탄하고 일체중생을 섭수하여 극락세계로 왕생하게 하신다.

만약 당신이 48원을 잘 배울 수 있다면, 그 불가사의한 대비서원들을 하나하나 마음에 깨달을 것이고, 법장보살께서 처음부터 그렇게 위대한 서원을 발하셨고, 중간에는 무량겁 동안 무량무수의 복덕과 지혜 자량을 쌓으셨으며, 마지막에는 극락국토를 원만히 성취하셨고, 이 모든 것이 다 우리들 중생을 위하신 것임을 정말로 명백히 이해하게 될 것이다. 이 원들에 대해 만약 전후로 모두 정성들여 자세히 또렷하게 생각할 수 있다면 부처님의 자비심을 체득할 수 있을 것이다. 이때 아미타 부처님의 은혜에 무한히 감사하게 될 것이다. 마음속으로 아미타 부처님께서 너무나 위대하심을 깨달아 충심으로 신심을 일으키고 나아가 미래제가 다하도록 언제라도 아미타 부처님의 마음을 여의지 않고 귀의할 것이다.

염불은 자식이 어머님을 그리워하고 생각하는 것과 같다. 어머님을 매우 잘 그리워하고 생각하고 싶다면 그 전제조건은 어머님께서 자신에 대해 어떠한 마음을 가지고 계신지 먼저 알아야만 가능하다. 만약 어머님의 사랑에 대해 조금도 이해하지 못하고, 어머님께서 도대체 자신을 위해 무엇을 하고 계시는지 알지 못한다면 우리가 어머님을 생각할 때 마음속에 아무런 느낌도 감정도 일어나지 않는 매우 무감각한 상태가 될 것이다. 이렇게 은혜를 모르고, 은혜를 생각하지 못하면 마음은 어머님과 저 멀리 떨어지게 될 것이다. 염불도 이와 같다. 오직 아미타 부처님의 서원을 진정으로 이해하여야만 부처님께서 우리 중생에 대해 생각하시는 마음을 체득할 수 있고, 그래야만 진심으로 아미타 부처님의 은혜에 감사하게 되며, 그래야만 진정으로 부처님을 그리워하고 부처님을 생각할 수 있을 것이다. 그래야만 자신의 마음이 아미타 부처님과 그리 멀리 떨어져 있지 않고, 매우 밀접히 관련되어 있음을 이해하게 될 것이다.

아래 경문에서는 세존께서 이 경의 이름을 이렇게 세운 연유를 해석할 것이다.

18-2

사리자여! 이 경에서 무량수불 극락세계의 불가사의한 불국토 공덕과 시방세계 모든 불세존께서 방편으로 모든 유정들에게 이익과 안락을 주시고자 하는 까닭에 각각 본토에 머물러 계시면서 대신변을 나타내시어 참되고 성실한 말씀으로 모든 유정들에게 이 법을 믿고 받아들여라 권유하신다. 그러므로 이 경의 이름을 「칭찬불가사의불국토공덕 · 일체제불섭수법문」이라고 하느니라.

> "舍利子! 由此經中稱揚贊歎無量壽佛極樂世界不可思議佛土功德, 及十方面諸佛世尊爲欲方便利益安樂諸有情故, 各住本土現大神變說誠諦言, 勸諸有情信受此法, 是故此經名爲'稱贊不可思議佛土功德一切諸佛攝受法門'"

[강기]

"사리자여! 이 경전에서 아미타 부처님 극락세계의 불가사의한 불국토 공덕과 시방법계에 있는 모든 불세존께서 방편으로 일체유정들에게 이익과 안락을 주시고자 하는 까닭에 각자 자기의 국토에서 머물러 계시면서 대신변大神變을 현현하시여 진실한 말로 설하셔서 교화하는 유정들에게 이 법문을 믿고 받아들이라고 권유하시므로, 이 경전의 이름을 「칭찬불가사의불국토공덕·일체제불섭수법문」이라고 세웠느니라.

"**대신변을 나타내시어**", 이것은 『무량수경』23)에서 "당시 석가모니 부처님의 얼굴에서는 아홉 가지 빛의 광명을 발하여 빛은 백천 가지로 변화하고, 광명 빛은 지극히 불같이 일어나 시방세계를 철저히 비추었다. 아난께서 이를 본 후 말하였다. 세존께서 오늘의 위신광명은 이와 같이 찬란하십니다. 저는 종래 세존께서 오늘과 같이 수승하고 미묘한 광명을 시현하신 것을 본적이 없습니다."라고 말한 것과 같다.

---

23) 『불성무량청정평등각경佛說無量淸淨平等覺經』: "이때 부처님께서 앉아서 바른 도[正道]를 생각하시니, 얼굴에서 아홉 가지 빛의 광명이 수천 백으로 변하여 빛이 매우 크게 찬란하였다. 현자 아난은 곧 자리에서 일어나 의복을 정돈하고 부처님의 발에 머리를 조아리고서 꿇어앉아 합장하고 부처님께 아뢰었다. "지금 부처님 얼굴의 광명 빛이 어째서 때때로 변화하여 이렇게 찬란합니까? 지금 부처님의 얼굴에 광명이 어린 수백천의 빛이 위아래로 환히 밝고 좋음이 어째서 이와 같습니까? 제가 부처님을 모신 뒤로 부처님 몸의 광명이 거룩하여 이렇게 매우 찬란한 적은 일찍이 보지 못하였습니다. 저는 지진(至眞)·등정각(等正覺)의 광명 위신력(威神力)이 오늘처럼 참으로 밝고 좋아 허망하지 않음을 일찍이 보지 못하였사옵니다."

당시 석가모니 부처님께서 대신변을 현현한 것은 바로 이것이 제일 수승하고, 희유하고 기묘하며, 불가사의한 아미타 부처님의 정토법문을 널리 설법하시기 위함이었다. 말하자면 부처님께서 자기의 현량으로 아미타 부처님의 정토법문을 증명하기 위하여 미증유의 환희를 보여주셨다. 부처님께서 화신으로 인간 세상에 오신 것은 바로 중생을 제도 해탈시키기 위함이다. 그 이전에는 비록 수많은 보통 교리를 강연하셨지만, 지금까지는 이러한 특수하고 원만하며 미묘한 아미타 부처님 본원바다의 법문(彌陀願海法門)을 널리 펴시지 않으셨다. 현재 인연이 성숙하여 사바세계의 중생을 위하여 현재든 미래든 관계없이 요컨대 모든 교법 가운데 인연 있는 자에게 이러한 견줄 수 없을 만큼 수승한 법문을 베푸셨다. 무량한 중생들은 이 때문에 극락세계에 왕생하여 신속히 성불할 수 있다. 그래서 석가모니 부처님께서 격외格外로 환희를 현현하셨다.

석가모니 부처님과 동일하게 시방세계 제불께서도 이러한 인연으로 각자 국토에서 대신변을 현현하시고 진실어로 교화하는 중생들에게 이렇게 견줄 수 없을 만큼 수승한 법문을 권유하신다.

모든 부처님의 목적은 바로 "**방편으로 모든 유정에게 이익과 안락을 주시고자 함**"이다. 아미타 부처님 본원의 바다는 이미 위없는 방편을 성취하여 지극한 선교방편으로 모든 유정들로 하여금 부처님 공덕을 섭취攝取하여 자신의 공덕으로 삼게 함으로써 신속히 수승한 이익과 안락을 얻게 하신다.

이른바 '방편'이란 말은 바로 다생 누겁 동안 부지런히 힘쓰지 않아도 유정들이 아미타 부처님 본원의 바다와 상응하기만 하면 성불을 포함하여 안으로 무량한 이익과 안락을 얻을 수 있음을 뜻한다. 게다가 아미타 부처님과 상응하는 방법도 대단히 간편하고 쉽다. 가장 간단한 방법은 바로 아미타 부처님께 신심을 일으키고 육자명호(나무아미타불)를 지송하는 것이다. 이것은 사람마다 모두 해낼 수 있는 것이다.

　그렇다면 어떤 이익과 안락을 얻을 수 있겠는가? 총괄해서 말하면 48원에서 말한 것과 같아서 예를 들면 이렇다.

- 아미타 부처님 명호를 듣고 믿으며, 내지 성불하는 사이에 범행梵行에서 물러나지 않는다.
- 모든 근을 구족하고 존귀한 집에 태어난다.
- 총지·삼매·법인을 얻는다.
- 세세생생 보살도를 행한다.
- 광명 비춤을 받아서 몸과 마음이 부드러울 수 있다, 등등.

　당연히 가장 중요한 것은 만약 극락세계에 왕생하길 발원할 수 있다면 어떤 종류·신분의 중생이든 관계없이 단지 오무간죄五無間罪와 정법을 비방하는 죄를 짓지만 않으면 (설령 죄를 지은 적이 있더라도 나중에 참회하여 청정해지면 가능하다), 아래로는 임종시 십념으로도 왕생할 수 있다. 그리고 극락국토에 한번 태어나면 불퇴전지를 증득할 수 있고, 신통·지혜·변지·삼마지 등의 도과道果공덕을 얻어서 보현행원을 신속히 성만成滿하고 신속히 불과를 성취할 수 있다.

일체 제불께서는 아미타 부처님 본원바다의 구경방편으로, 일체 인연 있는 자들을 섭수하여 신속히 성불할 수 있도록 하고, 이 때문에 자신이 증득한 무상정등정각으로 증명하심을 보여주며, 본토의 유정들에게 이런 불가사의한 극락정토법문을 권유하셨다. 그래서 이 경전을 「칭찬불가사의불국토공덕·일체제불섭수법문」이라고 부른다. 이 경명은 매우 깊은 함의가 있으므로 만약 당신이 시간이 없어 경문 전부를 수지할 수 없다면 마음으로 언제나 이 경의 이름만 억념하여도 매우 큰 가지加持를 얻을 수 있다.

우리는 정토법문은 「믿음(信)·발원(願)·행지(行)」를 강종綱宗으로 삼는다는 것을 잘 알고 있다. 실제로 이것은 석가모니 부처님께서 가리킨 말씀에서 기원하였다. 이 점은 이하의 경문 중에서 아주 또렷하게 볼 수 있다.

아래 경문에서는 석가모니 부처님께서 우리들에게 아미타 부처님 본원의 바다에 대해 신심을 내고, 또한 극락세계에 왕생하길 발원하며, 이 기초 위에서 몸과 마음을 방일하지 말고 정진 수행할 것을 거듭 은근하게 권유하신다.

제19품 부처님께서 간곡히 부탁하시다[佛重諄囑第十九]

19-1

또 사리자여! 만약 선남자나 선여인이 이미 들었거나 장차 들을 것이거나 지금 들었다면 듣고 나서 깊이 믿고 이해하며, 믿고 이해하고 나서는 반드시 이와 같이 시방세계에 머물러 계신 십 항하의 모래알 수만큼 많은 제불세존께서 섭수하실 것이라 여기고, 말씀하신 대로 행한다면 모두 결정코 아뇩다라삼먁삼보리에서 물러나지 않을 것이며, 모두 결정코 무량수불의 청정불토에 태어나게 될 것이니라.

> "又, 舍利子! 若善男子或善女人, 或已得聞, 或當得聞, 或今得聞, 聞是經已, 深生信解; 生信解已, 必爲如是住十方面十殑伽沙諸佛世尊之所攝受; 如說行者, 一切定於阿耨多羅三藐三菩提得不退轉, 一切定生無量壽佛極樂世界淸淨佛土.

[강기]

석가모니 부처님께서 말씀하셨다. "또한, 사리자여! 만약 선남자나 선여인이 이미 들었거나 장차 들을 것이거나 현재 막 들었다면, 요컨대

『아미타경』을 들은 후 깊은 신해信解를 일으켜야 한다. 이렇게 신해를 일으킨 후 이 사람은 반드시 시방세계에 안온히 머물러 계시는 십 항하의 모래알 수만큼 많은 제불세존께서 섭수하시는 대상이 된다. 부처님의 가르침에 따라 실행할 수 있는 모든 사람들은 결정코 무상정등정각에서 물러나지 않을 것인데, 이것으로 일체 유정들이 결정코 아미타 부처님의 극락세계, 이 청정한 불국토에 태어날 수 있을 것이다."

우선, 우리들은 이 경전을 들은 후 "깊이 믿고 이해하여," 부처님께서 설하신 법의에 대해 완전히 걸림 없이 믿고 받아들여야 한다. 이래야 자기 마음속 깊은 곳에 자리한 신앙이 될 수 있다. 그러나 건드려서 동요된다면 그 신앙은 매우 얕고 메마른 상태이다. 이런 신앙을 지니고 있다면 일체 정업수행은 그 다음에 나올 것이다. 그래서 **정업법문의 만선萬善 공덕은 믿음을 우선으로 삼는다.** 신심이 있어야 그 다음의 발원과 행지 등이 비로소 나온다.

이런 후에 "반드시 이와 같이 시방세계에 머물러 계신 십 항하의 모래알 수만큼 많은 제불께서 섭수하실 것이라 여긴다." 당신이 이런 깊은 믿음에 담긴 뜻을 지니고 있으면, 그 후 반드시 시방세계 제불께서 섭수하는 대상이 된다. 우리들은 아미타 부처님 본원의 바다가 사사로움이 없고 어떠한 국한도 없음을 알아야 한다. 그분께서는 미래제가 다하도록 시방삼세의 일체중생을 섭수하신다. 게다가 아미타 부처님께서는 인지 때에 보살로서 발원한 적이 있으셨고, 시방세계에 있는 일체 제불로 하여금 모두 그의 명호를 찬탄하도록 하셨다.

현재 아미타 부처님 본원의 바다는 이미 원만히 성취되었고, 그래서 시방세계 제불께서도 아미타 부처님 본원바다의 호소에 호응하여 각자 자기의 불국토에서 아미타 부처님을 찬탄하고, 중생들에게 극락세계에 왕생할 것을 권유하신다. 한 걸음 더 나아가 말하면 부처님과 부처님의 마음이 융통하여 시방세계 제불과 아미타 부처님께서는 동일한 뜻으로, 그들은 아미타 부처님의 본원을 거스르지 않는다. 이 때문에 시방세계 제불께서는 모두 깊은 신심과 간절한 발원으로 아미타 부처님을 염하는 사람은 누구라도 섭수하신다.

이와 같이 법계에는 모든 부처님께서 공동으로 섭수하는 한 줄기 힘이 형성될 것이다. 말하자면 아미타 부처님의 정토법문에 대해 진실한 신심을 일으키기만 하면 아미타 부처님께서 당신을 섭수하는 것뿐만 아니라 시방세계 일체 제불께서도 동시에 당신에 대해 섭수하실 것이다. 이러한 인연으로 무릇 깊은 믿음과 간절한 발원으로 아미타 부처님을 생각하는 사람은 어떠한 마장도 나타나지 않고 결정코 신속히 성취를 획득할 수 있을 것이다.

이와 같이 시방세계 제불의 섭수를 받은 후에는 "모두 결정코 아뇩다라삼먁삼보리에서 물러나지 않을 것이며, 모두 결정코 아미타불의 청정불토에 태어나게 될 것이다." 이로부터 그 후 시방세계 제불께서 공동으로 섭수하는 힘으로 당신은 결정코 무상보리의 길에서 물러나지 않고, 결정코 극락세계에 왕생할 수 있다.

아래 경문에서는 세존께서 우리들에게 깊은 믿음을 일으켜서 모든 부처님의 가르침을 따라 정진 수행할 것을 은근하게 권유하신다.

19-2

그러므로 사리자여! 너희 유정들은 모두 나와 시방세계에 계신 불세존의 말씀을 믿고 받아들이고 이해하여 부지런히 정진하고 말씀하신 대로 수행하되, 의심하고 염려하지 말라.

"是故, 舍利子! 汝等有情一切皆應信受領解我及十方佛世尊語, 當勤精進, 如說修行, 勿生疑慮."

[강기]

석가모니 부처님께서는 말씀하셨다. "위에서 말한 수승한 이익을 지니고 있기에 이러한 인연으로, 사리자여! 너희 유정들은 모두 나와 시방제불의 말씀을 믿고 받아들이고 담긴 뜻을 이해하여 정근 노력해야 하고 내가 말한 대로 수행하되, 의심하고 염려하는 마음을 내지 말아야 하느니라.

(곧 왕생할 수 없다고 여기지 말라. 극락세계에 왕생하는 것은 수승하지 못하다 등등의 생각을 갖지 말고, 확고한 신심을 지녀야 한다)"

아래 경문에서는 발원을 권유하신다.

19-3

또 사리자여! 만약 선남자나 선여인이 무량수불의 극락세계 청정불토의 공덕장엄에 대해 이미 발원하였거나 장차 발원할 것이거나 지금 발원하여 반드시 이와 같이 시방세계에 머물러 계신 십 항하의 모래알 수만큼 많은 제불세존께서 섭수하실 것이라고 여기고, 말씀하신 대로 수행하는 사람은 누구나 결정코 아뇩다라삼먁삼보리에서 물러나지 않고, 누구나 결정코 무량수불의 청정 불토에 태어날 것이니라.

"又, 舍利子! 若善男子或善女人, 於無量壽極樂世界淸淨佛土功德莊嚴, 若已發願, 若當發願, 若今發願, 必爲如是住十方面十殑伽沙諸佛世尊之所攝受; 如說行者, 一切定於阿耨多羅三藐三菩提得不退轉, 一切定生無量壽佛極樂世界淸淨佛土.

[강기]

석가모니 부처님께서 또한 설명하셨다. "또한, 사리자여! 만약 어떤 선남자나 선여인이 아미타 부처님의 극락세계에 대하여 이런 청정한 불국토에 일체 공덕장엄이 있음을 듣고 난 후 매우 희구하고 그리워하는 마음을 내어 극락세계에 왕생하고 싶어 하여, 만약 이미 이러한 원을 발하였거나, 장차 이러한 원을 발할 것이거나, 현재 막 이러한 원을 발하고서, 요컨대 일단 왕생을 간구하는 뜻과 원을 정말 발하였다면 이런 사람은 반드시 시방세계에 안온히 머물러 계신 십 항하의 모래알 수만큼 많은 제불세존께서 섭수하는 대상이 되어 부처님의 가르침대로 실행하는 모든 사람들은 결정코 무상정등정각에서 물러나지 않고, 결정코 아미타 부처님 극락세계, 이 청정한 불국토에 태어날 수 있을 것이다."

여기서 석가모니 부처님께서는 우리들에게 극락세계에 왕생하길 발원하라고 권유하신다. 정토법문에 대해 말하자면 우리들은 결정코 왕생을 구하겠다는 원을 발하기 전에 수행은 아직 안정되지 못하고 끊임없이 주저하며 퇴락할 가능성이 있다. 그리고 일단 승해의 믿음을 얻어서 진정으로 왕생을 구하는 뜻과 원을 발하면 그로부터 이 사람은 아미타 부처님 본원바다의 섭수를 받거나 시방세계 제불의 섭수 대상이 된다. 이렇게 되면 믿음과 발원을 지닌 사람은 결정코 보리도 위에서 물러나지 않고 결정코 아미타 부처님의 극락국토에 왕생할 수 있다.

예를 들면 어떤 사람이 오직 자신의 미약한 능력만 믿고 일을 해서 돈을 벌려고 하였다. 설사 오랜 시간이 흘렀어도 약간의 재산 밖에 축적할 수 없었지만, 일단 그가 여의 보배를 만나면 광겁曠劫 동안 얻을 수 없었던

재산을 문득 획득하여 누리는 것과 같다. 그래서 왕생발원은 우리들이 무량겁의 생명 여정 중에 지극히 희유한 인연으로 그것으로부터 결정코 극락세계에 왕생할 수 있고, 대보리에서 물러나지 않는 표지를 얻는다.

아래 경문에서는 세존께서 우리들에게 신해의 마음을 내어 왕생을 발원하고 모든 부처님의 가르침대로 정진 수행할 것을 거듭 은근하게 권유하신다.

19-4

그러므로 사리자여! 만약 어떤 청정한 믿음이 있는 선남자나 선여인들은 누구나 다 아미타 부처님의 극락세계 청정불토에 대해 깊이 마음으로 믿고 이해하고서 왕생을 발원하고 방일하게 행하지 말라.

"是故, 舍利子! 若有淨信諸善男子或善女人, 一切皆應於無量壽極樂世界 淸淨佛土, 深心信解, 發願往生, 勿行放逸."

[강기]

세존께서 또 말씀하셨다. "위에서 말한 수승한 이익을 지니고 있기에 이러한 연고로, 사리자여! 만약 청정한 신심을 구족한 선남자나 선여인, 모든 이러한 사람들은 모두 아미타 부처님의 극락세계, 이 청정한 불국토에 대해 마음속으로 매우 깊은 신해를 일으킨 다음 왕생을 발원하고, 몸과 마음을 방일하지 말라."

여기서 **"방일하게 행하지 말라"**라는 말은 사바세계에서의 일에 더 이상 미련을 두지 말고, 자기의 마음을 계속 이 방면에 두고 내키는 대로 흐트러뜨리지 말며, 극락세계를 자기 일생의 최종적인 귀착점으로 삼아야 한다는 말이다. 마음에 결단을 내리고 극락세계를 자기 일생의 마지막 귀착점으로 삼겠다고 발원하여야 한다. 이와 같이 사바세계의 일들에 대해 내려놓으면 극락세계의 일에 대해 더욱 더 단단히 잡을 수 있다.

깊은 믿음과 간절한 원을 일으키는 것으로 시작해서 줄곧 임종시 왕생에 이르기까지, 이 기간 동안 손가락을 꼽아 수를 헤아릴 수 있는 시간이 있다. 이 분분, 초초의 시간에 우리들은 한 마음 한 뜻으로 한 걸음 한 걸음씩 극락세계를 향해 달려 나아가야 한다. 만약 당신이 자기의 몸과 마음을 섭지하여 매순간 방일하지 말고 생각생각 아미타 부처님 본원의 바다에 뛰어들어 이렇게 실행해 나갈 수 있다면 결정코 성공적으로 왕생할 수 있을 것이다.

이상으로 석가모니 부처님께서는 우리들에게 신해를 일으키고 정진 수행할 것을 반복해서 신신당부하며 권유하셨다. 아래 경문에서는 시방세계 제불께서 이와 같이 설법한 석가모니 부처님을 찬탄하는 대목을 풀이하겠다.

제20품 제불께서 세존을 찬탄하시다[諸佛贊我第二十]

20-1

또 사리자여! 내가 지금 무량수불 극락세계의 불가사의한 불국토 공덕을 칭양 찬탄하는 것처럼 저 시방세계 제불세존께서도 역시 나의 불가사의한 무변공덕을 칭찬하시며, 말씀하시길, "매우 기이하고 희유하도다! 석가적정[24] 석가법왕 여래 · 응공 · 등정각 · 명행원만 · 선서 · 세간해 · 무상장부 · 조어사 · 천인사 · 불세존께서 마침내 능히 이 감인세계에서 오탁이 번성한 때에 이른바 겁탁 · 제유정탁 · 제번뇌탁 · 견탁 · 명탁 가운데 아뇩다라삼먁삼보리를 증득하시고, 모든 유정에게 방편으로 이익과 안락을 주시고자 세간에서 지극히 믿기 어려운 이 법을 설하셨느니라."

"又, 舍利子! 如我今者, 稱揚贊歎無量壽佛極樂世界不可思議佛土功德 ; 彼十方面諸佛世尊, 亦稱贊我不可思議無邊功德, 皆作是言: '甚奇希有! 釋迦寂靜釋迦法王如來 · 應 · 正等覺 · 明行圓滿 · 善逝 · 世間解 · 無

---

24) 석가적정釋迦寂靜 : 이것은 범어와 한자의 나란히 번역한 것으로 본사 석가모니 부처님을 가리킨다. 구중에 '모니牟尼'는 '적정寂靜'이라 번역한다. 『유가론기瑜伽論記』에 이르길, "범어로 무니란 적묵寂默이란 뜻으로 이것이 적정寂靜, 적정의 이치를 증득함(證寂靜理)이라 이름한 까닭이다.

上丈夫・調禦士・天人師・佛世尊, 乃能於是堪忍世界五濁惡時, 所謂: 劫濁・諸有情濁・諸煩惱濁・見濁・命濁, 於中證得阿耨多羅三藐三菩提, 爲欲方便利益安樂諸有情故, 說是世間極難信法.'"

[강기]

석가모니 부처님께서 또한 말씀하셨다. "또한, 사리자여! 내가 지금 아미타불 극락세계, 이 불가사의한 불국토 공덕이 이러함을 칭양 찬탄하는 것처럼 현재 마침 시방세계에 안온히 머물러 계시는 모든 불세존께서도 나의 불가사의한 무변공덕을 칭양 찬탄하신다. 시방세계 제불께서는 모두 이렇게 말씀하셨다. '실로 너무나 희유하고 너무나 수승하다! 석가모니 부처님, 석가족의 법왕께서는 마침내 사바세계에서 다섯 가지 탁함(五濁)이 날로 증가하고 번성하는 때 다시 말해 이른바 겁이 탁하고, 모든 유정들이 탁하고, 모든 번뇌가 탁하며, 견해가 탁하고, 수명이 탁하여, 이렇게 다섯 가지로 탁한 시대 가운데 무상정등정각을 증득하였다. 그리고 성불하여 불법을 전하는 기간에 방편으로 일체 유정에게 이익과 안락을 주시기 위한 인연으로 탁한 세상의 중생들을 위해 이 일체 세간에서 믿기 어려운 아미타 부처님 정토법문을 널리 펴셨다. 그것은 확실히 지극히 희유하고 얻기 어렵다.'"

석가모니 부처님께서 여기서 시방세계 제불께서 자신을 찬탄하신다고 말씀하셨다. 이것은 실제로는 바로 우리들에게 들려주시는 것이고, 바로 우리들에게 시방세계 제불의 찬탄을 통해서 **아미타 부처님의 정토법문을 우연히 만날 수 있는 것은 매우 어렵다**는 것을 인식시키시는 것이다. 부처님의 목적은 바로 우리들에게 이번 좋은 기회를 소중히 여기게 하는 것이다. 왜냐하면 이런 인연은 실로 너무나 희유하고, 너무나 진귀한 것이기 때문이다. 그렇다면 모든 부처님께서 어느 방면들에서부터 찬탄하시는가?

우선 "석가모니 법왕께서는…… 마침내 능히 이 사바세계 오탁이 번성한 때에…… 그 가운데 아뇩다라삼먁삼보리를 증득하신다." 예토의 탁한 세상에서 성불하는 것은 너무나 어렵고 희유한 일이다. 그 가운데 석가모니 부처님께서 성불을 시현하신 세계는 '감인세계堪忍世界'이고 우리가 통상 말하는 사바세계이다(범어 '사바'는 한자로는 '감인堪忍', 한글로는 '견디고 참음'). 이른바 '감인'이란 고덕의 해석25)에 따르면 이 세계는 고난으로 가득 차 있다는 뜻으로 인간의 경우 온갖 생노병사, 굶주림과 목마름, 추위와 더위, 전쟁과 생계 등등의 괴로움에 대해 중생들은 뜻밖에도 견디고 참아낼 수 있어 벗어나지 않고, 오히려 반복해서 여기에서 살아가고 있다. 그래서 이곳의 중생들은 충분히 '감인'할 수 있다. 이 때문에 이 세계를

---

25) 『성유식론소초成唯識論疏抄』: "이 사바세계란…… 번역하면 감인堪忍이다. 내 방위의 정토 보살이 보살행을 할 때 악한 사람, 악한 일로 번뇌에 시달림이 없으면 감인이라 이름하지 않는다. 저 방위에도 일을 행할 때 악한 사람, 악한 일로 시달림이 많아 이 보살은 감인할 수 있는 까닭에 이 세계를 감인세계라 말한다. 또 저 방위 중생이 비록 온갖 괴로움으로 시달릴지라도 손님이 벗어남을 구하지 않고 마침내 이곳에서 살아가니 이 중생을 감인이라 이름하는 까닭에 이 국토를 감인이라고 한다."

'감인세계'라고 한다.

'오탁이 번성한 때'란 석가모니 부처님께서 성불한 시대로 다섯 가지 탁함이 날로 증가하고 번성하는 시대였다. 사람의 수명이 2만세로부터 시작하여 점차 더러워져서 깨끗하지 못한 모습이 나타나서 사람의 수명이 100세가 된 때 이 세계는 이미 너무나 더럽고 탁하다. 석가모니 부처님께서는 바로 사람의 수명이 100세인 때 성불을 시현하셨다.

'오탁'이란 구체적으로 무엇을 가리키는가? 여기서 "이른바 겁탁·모든 유정탁·모든 번뇌탁·견탁·명탁"이라고 말한다. 아래는 『유가사지론瑜伽師地論』에 근거한 해석으로 간단히 '오탁'에 담긴 뜻을 말해보겠다.

'겁탁'이란 전체 시대 가운데 기타 네 가지 혼탁이 일어나고 점차로 기갈, 역병 및 상호간의 살해 등의 일이 나타난다.

'제유정탁'(중생탁이라고도 말함)이란 이 시대의 유정들은 부모와 사문(승려) 그리고 존경해야 하는 어르신 등을 보살피지 않음을 가리킨다. 그리고 악업을 두려워하지 않고, 복업을 닦지 않으며, 청정계를 지니지 않는다, 등등.

'제번뇌탁'이란 이 시대의 유정들은 탐·진·치 등의 번뇌가 날로 증가하고 번성하며, 아첨하고 속이는 삿된 법이 널리 행해지고 언제나 불선업不善業이 현행한다, 등등.

'**견탁**'이란 이 시대의 유정들은 정법을 비방하고 훼손하는 일이 많음을 가리킨다. 행하는 모습(行相)은 법과 유사하지만 삿된 법을 우러러 떠받든다, 등등.

'**명탁**'이란 이 시대 사람의 수명은 100년에 불과하고 눈 깜짝하는 사이에 이 세상을 떠남을 가리킨다.

요컨대 이러한 더럽고 탁한 국토에서 특히 너무나 탁하고 악한 시대에 살면서 석가모니 부처님께서는 마침내 무상정등정각보리를 증득할 수 있었는데, 이는 지극히 희유하고 얻기 어려운 일이다.

이 뿐만 아니라 "모든 유정에게 방편으로 이익과 안락을 주시고자 세간에서 지극히 믿기 어려운 이 법을 설하셨다." 석가모니 부처님께서는 성불하신 후 방편으로 이 세계의 유정들에게 이익과 안락을 주시기 위해 일체 세간의 지극히 믿기 어려운 아미타 부처님 본원의 바다 법문(彌陀願海法門)을 설하셨는데, 이는 더욱 어려운 가운데 어려운 일이다. 왜냐하면 이 법문은 너무나 깊고 불가사의해서 일반인이 믿고 받아들여 이해하기가 매우 어렵다. 그렇지만 석가모니 부처님께서는 아무리 힘든 고생도 두려워하시지 않으시고,

이 탁함이 번성한 세계에서 인연 있는 중생들을 위해 말씀을 널리 펴셨다.

석가모니 부처님께서 당시 지극히 수승하고 불가사의하며 중생들에게 지극히 큰 이익과 안락이 있는 법문을 널리 펴서 말씀하셨다. 그래서 그때부터 줄곧 지금까지 이 2천 5백 년 동안 수천수만의 사람들이 믿음을 내고 발원하며 실행한 인연으로 이미 극락정토에 태어났다. 앞으로도 여전히 연이어 끊임없이 믿고 받아들이는 자가 있어 왕생을 발원할 것이다. 이와 같이 무량한 중생들이 이 방편으로 성불을 포함해서 무량한 수승한 이익과 안락을 획득할 것이다.

앞에서는 시방세계 제불의 찬탄을 인용하였고, 아래 경문에서는 석가모니 부처님 자신도 또한 말씀하신다.

20-2

그러므로 사리자여! 내가 지금 이 더러움이 섞인 감인세계에서 오탁이 번성한 때에 아뇩다라삼먁삼보리를 증득하고 방편으로 모든 유정들에게 이익과 안락을 주고자 세간에서 지극히 믿기 어려운 이 법을 설하였으니, 이는 매우 희유하고 불가사의함을 알라.

"是故, 舍利子! 當知我今於此雜染堪忍世界五濁惡時, 證得阿耨多羅三藐三菩提, 爲欲方便利益安樂諸有情故, 說是世間極難信法, 甚爲希有, 不可思議."

[강기]

"이 때문에, 사리자여! 나는 지금처럼 이렇게 혹惑·업業·생生의 세 가지 잡염雜染으로 가득 찬 사바세계에서 오탁이 날로 증가하고 번성한 시대에 무상정등정각을 증득하고, 방편으로 일체 중생에게 이익과 안락을 주기 위한 연고로 이런 세간에서 지극히 믿기 어려운 법문을 설하였으니, 이는 지극히 희유하고 불가사의한 일임을 알아야 한다."

여기서 우리들에게 관건은 "매우 희유하고 불가사의함"에 담긴 뜻을 체득하고 그것을 마음에 새기는 것이다. 이는 『무량수경經』26)에서 모든 부처님께서 세상에 오신 것은 마치 우담발화가 꽃 피는 것처럼 지극히 희유하고 우연히 만나기 어렵다고 말한 것과 같다. 능히 세간 중생을 위해 이렇게 믿기 어려운 법문을 말한 것은 더욱 만나기 어렵다. 이러한 일들은 사유하고 의논하는 범주를 완전히 벗어난 것이다. 부처님께서는 이렇게 흉금을 터놓고 진심으로 말씀하신 것은 바로 우리들로 하여금 이 법문이

---

26) 『불설아미타삼야삼불살루불단과도인도경佛說阿彌陀三耶三佛薩樓佛檀過度人道經』에 이르길 : "부처님께서 아난에게 이르시길, 세간에 우담발화나무[優曇樹]가 있으나 단지 열매가 열릴 뿐 꽃은 좀처럼 피지 않는 것처럼 천하에 부처님께서 계시나 마치 우담발화 꽃이 피듯이 드물게 출현하시며, 세간에 부처님께서 계시나 매우 만나기 어렵다."

지극히 귀중하고 소중히 여기는 마음을 일으키고 가르침대로 수행하도록 인도하시기 위함이다. 그렇지 않고 신심을 내지 않고 심지어 아미타 부처님의 정토법문을 가볍게 여기면 어떠한 이익과 안락도 얻지 못하게 될 것이다.

전체 경문은 지금부터 여기까지 줄곧 석가모니 부처님께서 몇 번이고 되풀이해서 믿음을 권유하시고, 발원을 권유하시며, 행지할 것을 권유하신다. 우선 사바세계의 중생을 위해 극락세계의 공덕장엄을 소개하고, 다시 극락정토 법문은 시방세계 일체 제불께서 공동으로 찬탄 섭수하시는 법문임을 설하셨다. 마지막으로 두 가지 "매우 희유하고, 불가사의함"으로 끝내거나 두 가지 '어려운' 측면을 말한 것은 바로 우리들에게 이 법문을 소중히 여기고, 믿고 받아들여서 행지하게 하심이다. 그래서 우리들은 본사의 가르침을 저버리지 말고 이 지극히 희유하고 수승한 아미타 부처님의 정토법문을 믿고 이해하고 수지하며 가르침대로 수행해야 할 것이다.

아래 경문에서는 믿고 이해하고, 수지하며, 수행하는 이익을 말한다.

제21품 수승한 인과 미묘한 과 [勝因妙果第二十一]

21-1

또 사리자여! 이 더러움이 섞인 감인세계에서 오탁이 번성한 때에 만약 어떤 청정한 믿음이 있는 선남자나 선여인들이 이와 같이 일체 세간이 지극히 믿기 어려운 법을 설하심을 듣고서 능히 믿고 이해하고·수지하고·널리 설법하며·가르침대로 수행할 수 있다면 이 사람은 매우 희유하고, 무량한 부처님 처소에서 일찍이 선근을 심었음을 알아야 하느니라. 이 사람은 목숨을 마칠 때 결정코 서방 극락세계에 태어나서 갖가지 공덕으로 장엄한 청정불토의 대승법락을 누리고, 밤낮으로 여섯 때에 무량수불을 가까이 모시고 공양하며, 시방세계를 두루 다니면서 모든 부처님께 공양하고, 모든 부처님 처소에서 법을 듣고 수기를 받아, 복덕과 지혜 자량이 원만해지고 속히 무상정등보리를 증득할 것이니라."

"又, 舍利子! 於此雜染堪忍世界五濁惡時, 若有淨信諸善男子或善女人, 聞說如是一切世間極難信法, 能生信解·受持·演說·如教修行. 當知是人甚爲希有, 無量佛所曾種善根. 是人命終定生西方極樂世界, 受用種種功德莊嚴淸淨佛土大乘法樂, 日夜六時親近供養無量壽佛, 遊歷十方供養諸佛, 於諸佛所聞法受記, 福慧資糧疾得圓滿, 速證無上正等菩提."

[강기]

세존께서 말씀하셨다. "또한, 사리자여! 혹惑·업業·생生의 세 가지 잡염雜染으로 가득 찬 사바세계에서 오탁이 불길이 일 듯 번성한 시대에 만약 청정한 신심을 구족한 선남자나 선여인이 이 일체세간이 지극히 믿음을 내기 어려운 법문을 듣고서 신해를 일으키고, 나아가 수지하고, 널리 설법하며, 가르침대로 수행하는 등등을 할 수 있다면 이러한 사람은 실로 너무나 희유하고, 그가 이런 마음을 지닐 수 있음은 과거 일찍이 무량제불 앞에서 무량한 선근을 심었기 때문임을 알아야 한다.

이러한 사람은 한번 생명을 끝마쳤을 때 결정코 서방극락세계에 왕생할 수 있다. 왕생한 후 갖가지 공덕장엄을 구족한 청정한 극락 불국토에서 대승법락을 누릴 수 있다. 게다가 밤낮으로 여섯때에 아미타 부처님을 가까이 모시고 공양할 수 있다. 불력의 가피를 입고난 후 시방세계를 두루 다니면서 시방세계의 무량제불께 공양할 수 있다. 또한 한 사람 한 사람 부처님 앞에서 정법을 듣고 성불의 수기를 얻을 수 있다. 이렇게 하여 복덕자량과 지혜자량이 신속히 원만할 수 있고, 재빠르게 무상정등정각을 증득할 수 있다."

"이 사람은 매우 희유하고, 무량한 부처님 처소에서 일찍이 선근을 심었음을 알아야 한다." 여기서 '이 사람'은 "이와 같이 일체 세간이 지극히 믿기 어려운 법을 설하심을 듣고, 능히 믿고 이해하여 수지하고 널리 설법하며 가르침대로 수행할 수 있는" 사람을 가리키는데, 바꾸어 말하면 바로 믿음·발원·행지를 구비한 사람이다. 현재 어떤 사람들은 염불인을 경시하여 복덕도 없고 지혜도 없는 사람이라야 염불한다고 생각한다. 그러나 실제로는 정반대로 그 사람은 믿음과 발원을 일으키고 또한 일심으로 염불할 수 있다. 이는 결코 오직 일생(一生, 일불승)에 양생(兩生, 소승)이 되는 선근에 기대지 않는다면 해낼 수 있는 것이다. 실제로 이런 종류의 사람은 종전 다생 누겁 동안에 무량제불 앞에서 매우 깊고 두터운 선근을 심었고, 그래서 이번 일세에 정토법문을 들을 수 있을 때 신심을 일으키고, 왕생을 발원하며, 정말로 수행할 수 있다.

『정토교언淨土教言』에 따르면, 어떤 사람들은 정토법문을 매우 의심한다. 그들이 생각하기에는, 범부가 겨우 발원하고 명호를 지송한다고 해서 어떻게 왕생자 전부가 다른 정토보다 나은 극락정토에 태어나서 총지總持·삼마지三摩地·신통 등의 무량공덕을 구족할 수 있겠는가? 또한 한번 왕생하게 되면 지극히 수승한 공덕을 지닐 수 있으므로 반드시 무량한 자량을 쌓아야 하거나 성자라야 왕생할 수 있다.27) 다시 말해서 일반 범부가 믿음을

---

27) 『정토교언淨土教言』 "어떤 사람은 이 극락세계는 기타 정토보다 수승하고 모든 왕생자는 총지·등지·신통 등 무량한 공덕을 전부 구족하고 이 때문에 성자라야 극락에 왕생할 수 있다. …… 단지 성자라야 이런 찰토에 왕생할 수 있고 일반 범부는 겨우 부처님 명호 등을 수지하여 왕생할 수 없다고 생각한다.…… 어떤 사람은 경중에 무량한 자량을 축적할 필요가 있다고 말했고, 발원하여 실현할 수 있는 인은 자량에 기대야 하고 만약 광대한 자량을 구비하지 못한다면 이렇게 겨우 발원 등에 의지해서는 정토에 왕생할

구족하여 부처님 명호를 지념持念하여서 왕생할 수 있다면 이것과 인과율은 부합하지 않는다.

이 단락의 경문은 바로 이들 의혹을 없앨 수 있다. 경문 중에서 매우 또렷하게 말하고 있다. **현재 깊은 믿음과 간절한 발원을 지닐 수 있다는 것은 이전에 일찍이 무량한 부처님 앞에서 선근을 심은 적이 있음을 증명한다.** 아니면 불가사의한 법문을 믿고 받아들일 수 있는 사람은 반드시 불가사의한 선근을 지닌 사람이라고 말할 수도 있다. 대다수 사람들은 일반적인 사물·도리에 대해 우리들이 생각하고 볼 수 있는 것이기 때문에 그것을 받아들일 수 있다. 그렇지만 그들은 상상할 수 없고 말할 수 없는 일들을 마침내 모두 받아들일 수 있다. 만약 그들이 일찍이 모든 부처님 앞에서 무량한 선근을 심은 적이 없고, 수승한 자량을 쌓은 적이 없다면 어떻게 그것을 해낼 수 있겠는가?

대다수 사람들은 비록 정토법문을 들었을지라도 심지어 복덕이 매우 많고 지혜가 매우 많아서 마음에 들어 해도 깊은 믿음을 일으키지 않고 간절히 발원하지도 않는다. 그들은 기껏해야 내세에 깊은 믿음과 간절한 발원으로 다시 왕생할 때까지 기다릴 수 있을 뿐이고, 이번 일세에 왕생할 희망은 매우 작다. 이 법문을 듣고서 신심을 낼 수 있고 수지하고 널리 설법하며 가르침대로 수행한 사람만이, 이 같은 사람이라야 이 법문의 진정한

수 없다고 생각한다."

당기자當機者28)이다. 그의 마음속에서 정토법문이 차지하는 분량은 대단히 크고 중요하다. 그는 그것을 매우 소중히 여기고 온 마음을 다해 추구할 것이다. 이는 그가 과거세 일찍이 무량한 부처님 앞에 무량한 선근을 심은 적이 있음을 뜻한다. 그래서 그는 이번 일세에 결정코 왕생할 수 있다.

"이 사람은 목숨이 끊어질 때 결정코 서방 극락세계에 태어나", 이렇게 진정으로 믿음·발원·행지를 구족한 사람은 그가 이번 생에 목숨을 마칠 때 내재한 선근의 세력으로 인해 다른 세계가 아니라 결정코 극락세계로 향해 갈 것이다. 이 때문에 그는 더 이상 두 번째 거처가 있을 수 없고 반드시 극락세계에 왕생할 수 있다. 그래서 극락세계에 들어가는 것을 "물러나지 않는다"고 말한다. 또한 만약 당신이 현재 마음속에 믿음과 발원이 이미 견고하다면 왕생의 세력은 이미 결정되었고, 현재 정해져 있어 "물러나지 않는다"고 말한다.

"갖가지 공덕으로 장엄한 청정불토의 대승법락을 누리고" 극락국토에 있는 일체 색깔·소리·향기·맛·촉감·법이 연이어 끊어지지 않고 당신에게 가지加持를 내려준다. 당신의 육근과 이들 경계인연이 한번 접촉하면 마음속에서 즉시 대승법락을 낳을 것이다. 이는 『왕생론』에서 극락세계는

---

28) 당기當機란 과거세에 덕본德本을 심은 탓에 기연機緣에 합치하고 시기가 성숙함이 등창이 터지려는 것과 같아, 자리로부터 일어나지도 않은 채 법을 듣자마자 곧 도를 얻음이니, 이를 당기중當機衆이라 한다. 『법화문구』

"대승선근계大乘善根界"라고 말한 것과 같다. 말하자면 극락세계에 태어나기만 하면 대승을 성취하는 무상대의無上大義의 문으로 들어간다. 대승의 위없는 도사이신 아미타 부처님과 청정대해중 보살에 의지하고, 언제나 대승법을 소연으로 삼는 일체 바람소리, 물소리, 새 울음소리 등등이 무생법無生法을 널리 설법함으로 말미암아 오직 대승법락만을 누린다. 이것이 바로 아미타 부처님 본원의 바다가 신속히 왕생하는 자로 하여금 대승의 매우 깊고 광대한 지혜·신통·삼마지 등의 공덕을 진실로 구현하게 할 수 있다.

"밤낮으로 여섯때에 아미타 부처님을 가까이 모시고 공양하며, 시방세계를 두루 다니면서 모든 부처님께 공양하고, 모든 부처님 처소에서 법을 듣고 수기를 받아서 복덕과 지혜 자량이 원만해지고 속히 무상정등보리를 증득할 것이니라." 이른바 "밤낮으로 여섯때"란 과거 사람들은 하루 밤낮을 12단으로 나누었는데, 단 마다 하나의 시각(時辰)이라 말하고, 현재 2시간에 해당한다. 이렇게 "낮 여섯때"에 "밤 여섯때"를 더한 것이 바로 12시각이다. 어떤 사람은 24시각을 말하는데 바로 하루 종일이다. 이렇게 "밤낮 여섯때"라고 말하는 것은 단지 우리들 이 세계의 시간대로 말한 것임을 알아야 한다. 그러나 실제상으로 극락세계에는 우리들에게 이러한 시간이 없는데, 왜냐하면 여기서는 밤과 낮이 없기 때문이다. 그래서 이것은 한 가지 설법의 선교방편의 하나일 뿐이고, 시시각각임을 가리킨다. 이 말은 일상으로 극락국토에 들어가면 언제라도 모두 아미타 부처님과 가까이 하고 모시고 봉양하며, 시방국토를 두루 다닌다, 등등의 의미다.

제22품 성중들이 기뻐하고 봉행하다[衆喜奉行第二十二]

22-1

그때 세존께서 이 경을 말씀하시자, 존자 사리자 등의 모든 대성문들과 모든 보살마하살 성중과 무량한 천·인·아수라 등과 모든 대중들이 부처님께서 하신 말씀을 듣고 모두 크게 환희하며 신수봉행하였느니라.

> 時, 薄伽梵說是經已, 尊者舍利子等諸大聲聞, 及諸菩薩摩訶薩衆, 無量天·人·阿素洛等, 一切大衆聞佛所說, 皆大歡喜, 信受奉行.

[강기]

당시 세존께서 이 경을 말씀하시고 난 후 존자 사리자 등 모든 대성문들과 도량에 계신 문수·미륵 등 대보살 성중, 그리고 무량한 천·인·아수라 등등, 이 모든 대중들이 부처님의 설법을 듣고서 모두 큰 환희심을 일으키고 신수봉행하였다.

이로부터 아미타 정토법문은 성문·보살·천룡팔부 등의 일체중생을 두루 섭수하여 서방극락세계로 왕생하게 하심을 알 수 있다.

권수문 : 쉽게 행하는 길로 닦아라

맺는말로 도작道綽 선사의 『안락집安樂集』에 나오는 문구인 "쉽게 행하는 길로 닦을 것을 권함(勸修易行道)"을 주제로 삼아 말씀드리고자 한다. 이 글귀는 정토를 수행하는 사람들과 밀접한 관계가 있다. 왜냐하면 왕생의 관건은 진실한 믿음과 간절한 원을 일으키는 것이고, 믿음과 원을 일으키는 방법은 정토의 수승한 이익을 인식하는 것이며, 그 중에서도 관건은 "정토왕생은 물러나지 않은 이행도易行道를 얻는 것"임을 인식하는데 있다. 만약 이것이 쉽고 빠른 성불의 길임을 인식할 수 있다면 스스로 깨달아서 수지修持할 수 있을 것이다. 마치 운전사가 목적지에 매우 쉽게 도달하는 지름길을 알고 난후 자연히 이 길을 선택하는 것과 같다.

네 가지 단락으로 나누어서 설명하고자 한다. 첫째 난행도와 이행도를 분명히 구별하고, 둘째 겁의 길고 짧음을 설명하고 난 후, 셋째 무시 겁 이래로 삼계오도三界五道에 살면서 선악의 두 가지 업을 타고, 고락의 두 가지 과보를 받아, 윤회가 무궁하여 무수히 생을 받으므로, 넷째 교증敎證을 들어서 중생들에게 믿음을 내어 정토에 태어나길 구하라고 권유하신다.

1. 난행도와 이행도의 차이를 분명히 구별한다

(1) 두 가지 길을 제시하다

도작 대사께서는 말씀하셨다. 우리들은 삼계三界의 화택火宅에 머무는 동안 마음 속 깊이 두려움을 품고 산다. 석가모니여래께서는 양·사슴·소의 세 수레로 우리들을 불러내어서 위안을 주셨다. (『법화경』에 이르길, 비유컨대 자식들이 집 바깥에 큰 불이 일어나는 것을 모르고 집안에서 장난치며 놀고 있었다. 장자가 그들을 구출하기 위해 "바깥에 양 수레·사슴 수레·소 수레를 너희들에게 줄 테니 가지고 놀아라"라고 말했다. 자식들은 그 소리를 듣고서 나가서 문득 보니 불타는 집이 태울 수 있고 대단히 위험하였는데, 다행히 장자는 자식들을 불러서 집밖으로 끌어내었다. 양·사슴·소 세 수레는 성문·연각·보살 삼승을 분별하여 비유한 것이다.) 성문·연각의 이승二乘은 중생을 소승열반의 화성化城으로만 실어 나르고, 아직 보배가 있는 곳에 도달하지 못했다(즉 윤회를 해탈할 뿐 무상보리의 극과를 증득할 수 없다). 그래서 부처님께서는 "소승열반을 구경으로 집착한다면 무상보리를 구하는데 장애가 될 것이니라."라고 꾸짖었다. 설사 이후 소승을 돌려 대승으로 향하더라도 여전히 구불구불하다. 곧장 큰 수레(대승)에 의지하는 것도 한 길이라 다만 현재 불퇴전위를 얻지 못할까 두려울 것이다. 보리의 길은 여전히 너무나 요원하고, 아직도 자신의 공덕을 세우지 못하여서 보리도로 승진하기 어려울 것이다.

그래서 용수보살께서는 말씀하셨다. 불퇴전을 구하기 위해서는 두 가지 길이 있다. 첫째는 행하기 어려운 길인 난행도이고, 둘째는 행하기 쉬운 길인 이행도이다. 난행도는 오탁악세, 부처님께서 출세하지 않은 시대에 살면서 불퇴전을 구하기가 매우 어려움을 가리킨다. 이런 "어려움(難)"에는 여러 가지 방면이 있는데 간단히 말하면 다섯 가지가 있다.

첫째, "친근(相善)해 보이는 외도는 보살법을 어지럽힌다." : 멀쩡해 보이는 수많은 외도는 보살의 도법을 파괴하고 어지럽힌다. 예컨대 지금 말법시대는 과학 기술이 하루가 다르게 발전하여 온갖 오락과 향락이 나날이 유행하고 있고, 갖가지 새로운 사상·새로운 이념·새로운 행위들을 앞 다투어 전파하고 모방하게 하는 이러한 환경 속에 오래도록 물들어서 과학이 유일한 진리이고 인생의 의의는 때를 놓치지 않고 향락하는데 있다고 생각한다. 처음 발심한 보살들이 세속 홍진(紅塵) 속으로 들어가면 그릇됨과 올바름·괴로움과 즐거움·진실과 거짓을 분간하지 못하므로 오욕 등을 추구하는 사도邪道에 떨어져서 보살의 법을 파괴하고, 어지럽힐 것이다. 왜냐하면 보살법은 일체중생을 구해내어 생사고해와 세간의 잡염으로부터 벗어나게 하여 진여본성으로 돌아오게 하는 것이다.

둘째, "성문이 자신을 이롭게 함(自利)은 대자비를 장애한다." : 행자는 언제나 자신을 이롭게 하려는 마음이 일어나서 대자대비를 장애하여 대승 보살도로 빠르게 승진할 수 없다.

셋째, "아무런 거리낌도 없는 악인은 그의 수승한 덕을 파괴한다." : 아무런 거리낌도 없는 수많은 악인들이 그들의 수행공덕을 파괴한다. 악인은 다른 사람이 수도하는 것을 보면 다른 사람이 미덕을 이루지 못하도록 할 뿐만 아니라 갖가지 장애를 조장한다.

넷째, "모든 인천은 선과를 전도시키고, 사람의 범행을 깨뜨린다." : 인천人天은 향락 등 선과善果를 희구하여서 범행을 잃고 깨뜨린다. 인천은 과보를 더 많이 누리려고 해서, 반드시 그로 인해 파괴되고 소멸되어 고통바다로 떨어지므로 '전도顚倒' 된다. '범행梵行'은 청정한 행위로 쉽게 말하면 욕망을 여의는 행이고, 심오하게 말하면 열반으로 들어가는 행이다.

다섯째, "오직 자력만 있고 타력의 섭지가 없다" : 겨우 자력에 의지해 도를 닦을 뿐이고, 타력의 섭지攝持가 없다.

이상과 같이 곳곳마다 거스르는 연(違緣)으로 인한 장애와 어려움 때문에 행자는 불퇴지에 들어가기 매우 어렵다. 육로로 걸어서 가는 것처럼 매우 고통스럽다.

이행도란 부처님을 믿는 인연으로 정토에 태어나길 구하겠다고 발원하고 지명持名·작관作觀 하는 등 정업淨業을 부지런히 닦아서 부처님의 원력에 의지하면 왕생을 얻고, 왕생한 후 불력佛力으로 그 마음을 주지하여 문득 대승 정정취(正定聚 ; 불퇴전위)에 들어간다. 수로로 배를 타고 가는 것처럼 안락하고 한가롭다.

극락세계의 일체 경계인연은 모두 다 성중의 마음을 가지加持하여 세속 번뇌(塵勞)를 멈추고 본래모습(本眞)으로 돌아가게 한다. 부처님께서는 대보살들에게 방광하여 설법하여 주시고, 물과 새, 꽃과 숲도 또한 행자의 마음을 따라 묘음을 토해낸다. 색깔을 보고, 소리를 듣고, 오진五塵 경계를 누릴 때 저절로 무루의 기쁨과 즐거움이 생기고, 생각생각마다 보리선근이 증장된다. 범부의 마음은 견고(穩固)하지도 성숙하지도 않아서 열악한 인연의 영향을 받으면 퇴타退墮29)하지만, 정토에 왕생하여 불력으로 그 마음을 주지하면 매순간 마다 다시는 잃지 않고, 반드시 진여 성품의 바다(性海)를 증득하고 궁구하여 보리를 원만히 이룰 수 있다.

(2) 문답 해석

어떤 사람이 묻길 : 보리는 유일하여 인을 닦는 것이 둘이 아니어야 하는데, 왜 이행과 난행의 두 가지 길로 나누고 이곳에서 인因을 닦고 도를 구하는 것을 '난행難行'이라 하고, 왕생하여 대보리를 구하는 것을 '이행易行'이라 하는가?

대답하길 : 대승계경大乘契經30)에서 명확하게 밝히고 있는 수행 법

---

29) "퇴타한다는 말은 보리심(菩提心)이 퇴타하다, 장원(長遠)한 마음이 퇴타하다, 정진하는 마음이 퇴타하다는 뜻으로, 부처님께 예배하기도 싫고, 도를 닦기도 싫고, 선지식을 친견하기도 싫고, 도우를 가까이 하기도 싫고, 화두를 들기도 싫고, 그저 제 마음대로 방탕하고픈 마음이다." 『선종결의집禪宗決疑集』

문에는 모두 자력과 타력 두 가지가 있다. 예컨대 어떤 사람은 생사를 두려워해 발심하여 출가하고, 뒤이어 선정을 닦고 신통을 개발하며 천하를 돌아다니는 것을 '자력'이라 한다. 의지가 약한 사람은 근근이 자력에 의지하여도 아직 당나귀를 타지 못하지만, 윤왕輪王을 따라 윤보輪寶를 타면,31) 즉시 허공을 높이 날아 천하를 돌아다닌다. 윤왕의 위신력에 의지한 까닭에 '타력'이라 한다.

정토를 수지하는 것에도 자력과 타력의 두 가지 인이 있다. 중생이 이곳에서 진실한 믿음과 간절한 원을 발하여 정토에 태어나길 구함으로써 행을 세우는 것을 자력이라 한다. 목숨이 마치려할 때 아미타 부처님께서 광명대로써 맞이하여 찰나의 짧은 순간에 곧 불국토에 왕생하니, 이것이 곧 타력이다. 그래서 『무량수경』에 따르면, 시방세계 인천은 극락에 태어나길 구하여 아미타 부처님의 대원업력大願業力으로 증상연增上緣을 삼지 않음이 없다. 만약 이렇지 않다면 곧 48원은 형식상으로만 설치되었을 뿐 유명무실하다.

이와 같이 불력이 있어 의지할 수 있음을 안다면 한 마음으로 아미타 부처님 본원의 바다로 뛰어들어 불력의 가지를 구할 때 반드시

---

30) 부처님의 가르침을 기록한 경전을 가리킴. 계(契)는 계합(契合) 부합(符合)의 뜻으로 경전의 가르침(내용)이 중생의 근기에도 맞고 정법의 이치에도 부합하기 때문에 붙여진 이름.
31) 세계의 중앙에 솟아 있다는 수미산의 바깥쪽 동서남북에 있는 승신(勝身), 섬부(贍部), 우화(牛貨), 구로(俱盧)의 네 주(州)의 세계를 통솔하는 대왕. 몸은 32상(相)을 갖추고, 즉위할 때에 하늘로부터 금, 은, 동, 철의 네 윤보(輪寶)를 얻어 이를 굴리면서 사방을 위엄으로 굴복하게 한다고 한다.

자력으로 구제할 필요가 없다.

2. 겁의 길고 짧음을 설명하다

『대지도론』에 따르면, 겁에는 소·대·중 세 가지가 있다. 겁의 시량(時量; 시간의 양)은 숫자로 표현하기 매우 어렵기 때문에 비유로써 설명한다. 비유컨대 길이·폭·높이가 각각 40리인 도성에 겨자씨(아주 작은 풀 씨앗)가 가득한데, 어떤 수명이 긴 천인이 3년마다 성에 이르러 겨자씨 한 알을 취하고 겨자씨를 전부 다 취해야 그친다면 1소겁小劫의 시량이다. 길이·폭·높이가 각각 80리인 도성에 겨자씨가 가득하고, 어떤 수명이 긴 천인이 3년마다 겨자씨 한 알을 취해 겨자씨를 전부 취해야 그친다면 1중겁中劫의 시량이다. 길이·폭·높이가 각각 120리인 도성에 겨자씨가 가득한데, 어떤 수명이 긴 천인이 3년 마다 겨자씨 한 알을 취하고 겨자씨를 전부 다 취할 때까지 취한다면 1대겁大劫의 시량이다.

또한 예컨대 길이·폭·높이가 각각 80리인 큰 돌을 수명이 긴 천인이 3년마다 그 가벼운 하늘 옷으로 큰 돌을 한번 스치고 지나감에 미진으로 지극히 작게 스치고 지나가서 전부 다 스치고 지나갈 때 그친다면 중겁이라고 한다. 길이·폭·높이가 각각 40리와 120리인 작은 돌을, 수명이 긴 천인이 3년마다 그 가벼운 하늘 옷으로 큰 돌을 한번 스치고 지나감에 미진으로 지극히 작게 스치고 지나가서 전부 다 스치고 지나갈 때 그친다면 소겁 및 대겁이라고 한다. 그래서 1겁은 지극히 긴 시간이다.

3. 무시 겁 이래로 삼계오도三界五道**에 살면서 선악의 두 가지 업을 올라타서, 고락의 두 가지 과보를 받아, 윤회가 무궁하여 무수히 생을 받는다.**

(1) 무시 겁 이래로 윤회하는 가운데 무수히 몸을 받는다.

『대지도론』의 말씀을 따르면 우리들이 인간으로 있을 때 어느 날 장씨로 태어나 죽고, 또 왕씨로 태어나 왕씨로 죽으며, 또 다시 이씨로 태어나서 이와 같이 전체 남섬부주의 각 종족으로 다시 태어나서, 이미 여러 생에 누차 같은 가족으로 태어났고, 여러 세世에 그 가족으로 몸을 받았다.

4대주에 생을 받았을 때 남주南洲로 죽은 후에 또 서주西洲로 태어나고, 서주로 죽은 후 또 다시 동주東洲로 태어나며, 동주로 죽은 후 다시 북주로 태어난다. 요컨대 4대부주 안에서 누차 계속해서 몸을 받는다.

육욕천六欲天을 말하자면 4대부주에서 죽은 후 4천왕천으로 올라가고, 4천왕천에서 죽은 후 다시 도리천으로 상승하며, 도리천에서 죽은 후 또 도솔천 등 4중천四重天으로 상승하는데, 요컨대 육욕천에서 위 아래로 다시 태어난다.

색계·무색계를 말하면 색계는 18중천이고, 무색계는 4중천으로 이 하늘에서 죽은 후 저 하늘에서 태어나므로 각각 중천에서 모두 몸을 받는다.

또 상하계로 전전하면서 생을 받음을 말하면 색계에서 죽은 후 무간지옥에 떨어지고, 무간지옥에서 과보를 다 받은 후 업보가 더 가벼운 지옥으로 옮겨가고 이곳에서 과보가 다해 죽으면 축생도 가운데 태어나고, 축생도에서 죽은 후 또 아귀도에서 나타나고, 아귀도에서 죽으면 다시 인천으로 올라가 태어나가 수레바퀴가 끊임없이 육도 상하에서 태어나고 온갖 고락의 과보를 느끼고 생사를 느끼는 것이 무궁무수하다. 태생에서도 수없이 많이 태어난 적이 있고, 난생·습생·화생에서도 수없이 많이 태어난다.

이 때문에 『정법염처경正法念處經』에 따르면 화생보살이 천중天衆에게 말하길, "범인은 이곳에서 백천 번 태어날 때마다 욕락에 집착하고 방일하여 도를 닦지 않고, 이전의 복이 다해 감을 깨닫지 못한 채 다시 삼악도에 떨어져 온갖 괴로움을 받는다." 라고 한다.(수많은 중생들이 이 천계에서 백천 번 세상에 태어날 때마다 매번 오욕락의 느낌에 집착하고 방일하여 도를 닦지 않고, 이전의 복보가 사라져 거의 다해 감을 느끼지 못한 채, 또 악취惡趣에 떨어져서 모든 괴로움을 다 겪는다)

그래서 『열반경』에서는 "이 몸은 괴로움이 모이는 곳으로 일체가 모두 깨끗하지 못하고, 옹창을 억누르지만 근본적으로 의리義利가 없다. 위로 모든 천신에 이르기까지 모두 또한 이와 같다."라고 말한다. (이 오취온五取蘊의 몸은 모든 괴로움이 모이는 곳으로 그곳에서 끊임없이 모든 괴로움이 생겨난다. 혹업惑業으로 이루어진 몸의 안팎은 더러운 오물(雜穢)로 가득 차 깨끗하지 않다. 또한 계속해서 밧줄로 묶어 인因상에서는 혹업에 묶고, 과果상에서는 모든 괴로움에 묶는다. 또한 1년 내내 치유되지 않은 옹창과 같이 끊임없이 고름이 고이고 피가 흘러서 그 고뇌가 견딜 수 없다. 즉 오취온은 줄곧 적멸에 들 수 없고, 연이어 끊임없이 괴로움이 생긴다. 요컨대 오취온은 오직 괴로움의 법(苦法)일 뿐이고, 깨끗하지 못하여 조금도 의리가 없다. 모든 하늘의 온신蘊身에 이르기까지 모두 다 이와 같다.)

(2) 일겁 중에 몇 차례 몸을 받은 적이 있다

위에서 우리는 무시 겁 이래 무수히 많은 생을 받았지만, 일겁 동안 몇 차례 육도에서 몸을 받은 적이 있는지 모르고 있다고 말했다. 『대열반경』에 따르면, 대천세계 땅의 초목들을 모두 4치 산가지(계산용)로 잘라 만들어 그것으로 일겁 동안 몸을 받은 부모님의 수량을 계산하고, 모든 네 치 산가지로 계속 계산해도 아직 계산을 다하지 못한다. (이 말은 십억 세계에 있는 모든 초목을 모두 잘라서 4치 크기로 만들어 예컨대 일세에 부모·모친이 있다고 말하면 4치 산가지 한 줄기를 땅에 놓는다. 이렇게 곧장 그 수가 모든 4치 산가지로 다 헤아려도 일겁 동안의 모든 부모님의 수량을 헤아릴 수 없다. 일겁 동안 그 숫자를 헤아릴 수 없을 정도의 몸을 받았음을 알 수 있다는 뜻이다) 또 말하길, 일겁 동안 일세마다 사람이 되고 모든 소, 돼지 같은 축생 등이 되어 먹은 모유가 4대해 물보다 많다…… 일겁 동안 죽어서 남긴 뼈를 쌓아올리면 높이가 비부라毘富羅

산32)을 넘어선다.

이와 같이 그는 지극히 오랜 시겁時劫이래 순전히 텅 빈 채로 의리가 없이 생사를 표류하며 지금까지 계속 범부의 몸을 받고 있다! 우리는 이에 대해 일찍이 충분히 생각해 본적이 있는가? 계속해서 무지몽매하게 생사를 달려와 다생 누세에 거쳐 그렇게 많은 생사를 받아서 그렇게 많은 피눈물을 흘리고 그렇게 많은 육신이 죽었는지, 어찌 생각이나 해보았는가? 오랜 겁 동안 윤회가 끊어짐이 없었다는 것을 상상하면 슬픔이 그치지 않는다!

(3) 광겁 이래 무수한 몸을 받은 적이 있음을 경전의 가르침으로 증명한다.

어떤 사람이 물었다. 이상에서 말한 "광대한 겁 이래 무수히 몸을 받았다"라는 말은 겨우 사람으로 하여금 사바세계가 싫어서 떠나고 싶은 마음이 생기도록 서술한 것일 뿐, 경교經敎의 증명이 있는가?

대답하길 : 명확한 교증이 있다. 예컨대 『법화경』에서 이르길, 지난 옛날 말할 수 없는 구원久遠의 겁 때에 부처님께서 세상에 나오셨는데, 이름이 '대통지승여래大通智勝如來'이다. 당시 16명의 왕자가 있었는데, 왕자마다 모두 각자 법좌에 올라 6백만 억 나유타 항하의 모래

---

32) 범어 Vipula의 음사. 구광박협산廣博脇山이라고 함. 그 형상(形狀)이 비천(非天), 즉 아수라(阿修羅)의 옆구리와 같다고 해서 붙여진 이름으로 왕사성 5대산 중의 하나이다.

알 만큼이나 많은 중생들을 교화하셨다.

대통지승여래께서 열반하신 후 지금으로부터 지극히 오래 되어 헤아릴 수 없다. 경전에는 이를 비유로 묘사하고 있다. 삼천대천세계에 있는 땅을 갈아서 먹으로 만들어 어떤 사람이 일천 국토를 지난 후 한 방울을 떨어뜨리는데, 그 크기는 미진의 흑점과 같았고, 다시 일천 국토를 지나서 또 한 방울 흑점을 떨어뜨리고, 이와 같이 되풀이하여 먹물 방울이 다 닳을 때까지 하였다. 그런 다음 처음 일으킨 점부터 마지막 점까지 그 사이 동안 경과한 모든 세계를 남김없이 갈아서 미진으로 만들어 이 티끌 하나를 1겁이라 표시하면, 저 부처님께서 열반하신 후 지나간 겁의 수가 이것보다 많다. 지금 이 땅의 이들 중생이 바로 저 때에 16왕자의 법회 아래 교법을 받은 사람이다. (이것으로부터 법화회상의 중생들은 요원하여 무수겁 이전에 있었고, 16왕자가 법회에서 설법을 들은 지 지금까지 수없이 계속해서 몸을 받았고 또한 이 세계의 인류가 되는데 걸린 긴 시간이 지나갔음을 알 수 있다.) 이 때문에 이와 같이 구원의 본생本生 인연으로 인해 이들 중생을 위해 법화경을 널리 말씀하셨다.

또한 『열반경』에도 말씀하였다. 한 사람은 왕자이고 한 사람은 가난한 사람으로 두 사람이 서로 왔다 갔다 하며 만났다. 왕자는 지금의 석가모니인데, 전생에 당시 16왕자였다. 가난한 사람은 바로 지금의 중생이다. 세존의 전생은 역겁에 다시 태어나는 동안 수많은 가난한 사람들을 만나 모두 일찍이 선연을 맺었고, 지금 세상에 나와 설법할 때 법을 듣는 사람은 누세에 만났던 가난한 사람들이다.

(4) 중생이 누겁에 유전하는 동안 악취의 몸을 받은 것이 대다수를 차지한다.

또 묻길 : 세간의 무량 중생들은 이미 일찍이 여러 겁을 유전하면서 갖가지 삼계의 몸을 받았는데, 어느 일취一趣의 몸을 받은 경우가 많은가?

대답하길 : 비록 육도에 유전할지라도 갖가지 몸의 과보(身報)를 하나도 받지 않는 경우는 없지만, 악취惡趣의 몸을 받는 경우가 절대 다수를 차지한다. 경에서 비유로 설명한다. 허공에 방원팔주方圓八肘33)의 동그라미 하나를 그리고 이 동그라미를 지면으로부터 곧장 색구경천으로 올려서 이 지극히 높은 원기둥의 범위 가운데 볼 수 있는 중생의 수량은 삼천대천세계의 일체 인천 수량 보다 많다. 이는 악취의 몸이 절대 대다수를 차지함을 설명한다.

이것에서 원기둥체와 삼천대천세계의 높이는 같고, 모두 색구경천을 정상으로 삼지만 횡단면은 서로 큰 차이가 있는데, 원기둥체의 횡단면은 단지 방원팔주이고, 삼천대천세계는 곧 십억 세계의 면적이다. 그렇지만 삼천대천세계에 있는 인천의 수량은 원기둥체 내부에 있는 육도 중생의 수량보다 적으므로 악취의 몸이 대다수를 차지함을 알 수 있다. 이것은 직경 하나의 동그라미 하나를 그리는 것과 같아 그 가운데 개미의 수량은 전 지구 인류의 수량을 초과하므로 개미의 수량이 지극히 많음을 알 수 있다. 이러한 유추에 의지해 원주 기둥체의

---

33) 주肘 : 팔꿈치에서 손끝까지의 길이. 1큐빗과 같음

작은 범위 내에 중생은 삼천대천 지극히 광대한 범위의 인천 수량을 초과하므로 악취 중생은 지극히 매우 많음을 알 수 있다.

질문 : 왜 악취의 몸을 받는 것이 지극히 많고 선취의 몸을 받는 것이 적은가? 이는 인위因位에서 업을 짓는 상황을 관찰하면 중생의 마음은 악법을 내기 쉽고 선심을 내기가 어렵기 때문이다. 12시 가운데 신구의가 현재 일어나는 악법은 빗방울이 밀집한 것과 같아 탐·진·치·질투·오만 등의 악한 생각은 여기저기서 일어나고, 한 생각 선심을 일으키는 것은 매우 어렵다. 게다가 중생은 부귀 명리를 얻어 누리면 육근을 마음대로 놀려 갖가지 계를 파하는 일을 저지르고, 천계에 태어나 욕락을 탐닉하는 사람이 대다수를 차지한다.

그래서 경에서 이르길, 중생은 모두 육도 가운데 유전하고 언제나 삼악취를 집으로 삼고, 인천은 잠시 한번 머물렀다 떠나가는 '객점客店' 이라 한다. (이 말은 이따금 한번 와서 너무 흥분하여 모든 것을 잊어버리고 마음대로 놀면서 계를 깨뜨리고 재빨리 악취로 돌아간 후 무량한 세월을 여기서 기다리므로 항상 악취를 집으로 삼고 인천을 객점으로 삼는다는 뜻이다.) 이로써 지극히 많은 시간을 모두 악취의 신체를 받음을 알 수 있다.

또한 『대장엄론大莊嚴論』에 따르면, 중생들에게 언제나 생각을 앞에 매어 두기를 충고하며 말하길, "한창 시절에는 근심이 없는 때라 게으르고 정진하지 않으며, 온갖 일을 탐내어 도모하고 보시·계율· 선정을 닦지 않으며, 임종시 죽음에 삼켜질 때 비로소 후회하고 선을 닦기를 바란다. (젊은 시절에는 건강하고 병이 없을 때이므로 게으르고 정진하지 않으며, 탐심으로 온갖 세간 사업을 경영하고 보시·지계·선정의 세 가지 법을 닦지 않는다. 임종시 죽음에 의해 삼켜질 때 비로소 한평생 선을 닦지 않음을 후회한다는 뜻이다.) 지혜로운 자는 관찰하고서 오욕망상을 끊어 제거하고, 전일하게 마음을 닦으면 임종시에 회한이 없다. (지혜로운 자는 자신의 한 평생을 어떻게 보냈는가를 관찰해야 한다. 만약 오욕망상을 끊어 제거하고 밤낮으로 부지런히 자신의 마음을 닦을 수 있다면 임종시에 회한이 없다.)"

"마음이 이미 전일하면 착란된 생각이 없다. 지혜로운 자는 부지런히 생각을 법에 전념해 임종시 마음이 산란하지 않다. 마음을 전일하게 닦지 않으면 임종시 반드시 산란하다. (마음이 이미 법에 전일하면 착란된 생각이 없다. 지혜로운 자는 평소 부지런히 힘써 생각을 법에 집중하여 임종시 마음이 산란하지 않다. 이렇게 부지런히 자신의 마음을 수련하여 마음을 법에 전념해야 하고, 마음을 오욕에 맡겨 흩어지면 임종시 반드시 산란하다.)"

(5) "중생은 본래 불성이 있고, 오랜 겁 이래 매우 많은 부처를 만났는데 왜 지금도 여전히 생사를 해탈하지 못하는가?"에 대해 분명히 밝힌다.

여기서 하나의 문제를 해석해야 한다. 우리들은 모두 불성이 있고 무량한 생에서 매우 많은 부처를 만났는데 왜 아직도 해탈하지 못하고 있는가?

답한다 : 대승성교聖教에 따르면 이것은 두 가지 수승한 법을 얻어 생사를 없애지 못하였기 때문에 오랜 겁 동안 아직도 삼계를 벗어날 수 없다(여기서 '법을 얻음得法'이란 성취의 뜻이다). 무엇이 두 가지 법인가? 하나는 성도이고, 둘은 정토왕생이다.

성도문은 탁한 세상인 지금 현증現證하기가 매우 어렵다. 그 이유는 첫째 부처님 시대와 아득히 멀리 떨어져 있기 때문이고, 둘째 실상實相의 묘리妙理는 매우 깊지만 중생의 지혜는 아주 미약하기 때문이다. 그래서 『대집경大集經』에 이르길, 말법시대에는 수억 명의 중생들이 수행한다 해도 도를 얻는 사람은 한 사람도 드물다. 지금 마침 말법시대 오탁악세를 만나 오직 정토일문만이 쉽게 생사를 벗어날 수 있다. 그래서 정토 경전에는 중생이 일생에 죄를 지었지만, 임종시에 나의 명호를 십념 상속하여 불러도 왕생하지 못한다면 나는 성불하지 않겠다고 말씀하신다. (이상 경전에 따르면 중생이 자력으로 해탈하기가 어렵고 정토에 왕생하여 생사를 횡으로 벗어나야橫超 쉽게 성취成辦할 수 있다. 이어서 일생에 악을 지은 자가 임종시에 지극한 마음으로 십념하여도 모두 왕생할 수 있다고 설명한다.)

일체중생이 모두 일찍이 스스로 자세히 살피지 못하니 탄식할 일이다. 대승의 경우 진여실상·제일의공第一義空에 일찍이 마음을 두지 못하고, 소승의 경우 사성제를 수견修見, 즉 견도 한 후에 수도하고, 내지 삼과三果·사과四果를 증득하여야 하지만 승속에 관계없이 성취하는 사람은 적다. 설사 인천과보 모두가 오계십선五戒十善을 불러와야 하지만, 현재 청정한 계를 수지한 자는 지극히 적고, 악을 일으키고 죄를 짓는 것은 오히려 폭풍에 비바람 치는 것과 같다. 이 때문에 모든 부처님께서는 모두 다 대자비심으로 중생들에게 정토로 함께 돌아가길 권유하신다.

설사 이전에는 우둔하고 미련하여 전도되고 일생에 적지 않은 악업을 지었다 하더라도 단지 현재 마음을 돌려 참회하고 항상 전일하게 일심으로 염불하면 일체 죄와 업장이 자연이 소멸되고 반드시 왕생할 수 있다. 무엇 때문에 사량해 보지도 않고, 가려는 마음을 일으키지 않는가?

(이상은 보통 중생의 상황에 대해 말한 것으로 소수의 대근기는 포함하지 않았고, 금강밀교·선종 등의 수승한 도도 포함하지 않았다.)

4. 교증敎證을 들어서 중생들에게 믿음을 내어 정토에 태어나길 구하라고 권유하신다.

먼저 『관불삼매경觀佛三昧經』에 기록된 말씀에 따르면,

당시 법회에서 재수보살財首菩薩이 부처님을 향해 아뢰길, 세존이시여! 저는 숙세 무량겁을 마음에 불러일으킬 때 부처님께서 세상에 계시어 이름이 석가모니 여래이셨습니다. 부처님께서 열반하신 후 금당金幢왕자가 있었는데, 성정이 교만하고 마음에 사견邪見을 품어 정법에 신심을 일으키지 않았습니다. 이름이 정자재定自在라 하는 비구 선지식이 왕자에게 말했습니다. "세간에 지극히 장엄한 불상이 있는데, 잠시 불탑에 들어가면 불상을 볼 수 있다."

왕자는 그의 말을 듣고서 탑 안으로 걸어들어 가서 불상이 지극히 좋음을 보고서 말했습니다. "비구시여! 불상은 이렇게 단엄한데 하물며 부처님의 진신이겠는가!"

이때 그는 부처님에 대해 공경하며 믿음을 일으켰습니다. 비구는 그에게 말했습니다. "왕자시여, 그대는 현재 불상을 보고 아직도 예배할 수 없으니, '나무불'이라 불러야 한다."

왕자는 왕궁으로 돌아간 후 줄곧 생각을 탑 속의 장엄불상에 매어두었습니다. 하루가 지난 후 밤에 꿈에서 불상을 보고 큰 환희심을 내어 즉시 사견을 여의고 삼보에 귀의하였습니다. 그가 목숨이 다한 후 생전에 탑에 들어가 "나무불"이라 칭념한 공덕으로 나중에 9백억 나유타 수의 모든 부처님을 만났고, 한 분 한 분 부처님 전에 언제나 정진 근수勤修하고 언제나 매우 깊은 염불삼매를 얻었습니다. 염불삼매의 힘으로 모든 부처님께서 현재 그의 얼굴 앞에 계시면서 그를 위해 보리기별菩提記莂을 주셨습니다. 이후로 백만 아승지 세월 동안 악취에 떨어지지 않고 계속 금일 수능엄왕首楞嚴王삼매를 증득하였습니다. 당시의 왕자가 바로 저 재수의 전생입니다.

(여기서 부처님께 계념하는 선근은 무량한 선보를 낳음을 알 수 있다. 억만 모든 부처님을 만나고 언제나 매우 깊은 염불삼매를 얻으며 모든 부처님의 수기를 얻고 백만 아승지 겁에 악도에 떨어지지 않고 수능엄왕 삼매를 원만히 증득한다. 염불 선근의 역량은 불가사의하다!)

이때 법회 중에 시방세계로부터 오신 모든 대보살은 그 수를 헤아릴 수 없었고, 모두 염불에 의지하여 성취를 획득하였다.

세존께서는 아난에게 말씀하셨다. "관불삼매의 묘법은 죄를 지은 중생에게 죄를 멸하는 묘약이고, 계를 깨뜨린 자의 수호자이고, 길을 잃은 자의 인도하는 스승이고, 눈이 멀어 보이지 않는 자의 눈이고, 어리석은 자의 지혜이며 흑암 중의 밝은 등불이고, 번뇌악취 중의 크게 용맹한 장수이고, 제불세존께서 유희하는 곳이고, 수능엄왕 등 모든 삼매가 최초로 생기는 곳이니라."

부처님께서 아난에게 이르셨다. "그대는 지금 스스로 잘 수지하여 결코 망실하지 말라. 삼세제불께서는 모두 이 염불삼매를 두루 말씀하셨다. 나는 시방세계 제불과 현겁賢劫의 천불과 함께 처음 발심한 이래 모두 염불삼매의 힘으로 말미암아 일체종지一切種智를 획득하였다."

세존께서는 또한 『목건련소문경目犍連所問經』에서 목련에게 설법하시고 곧 이어서 말씀하셨다.

"비유컨대 만리장강萬裏長江이 도도히 세차게 흘러, 물살이 세찬 하류에서 물 위를 떠다니는 무수한 초목이 강물을 따라 아래로 표류하는데, 앞의 것은 뒤를 돌아볼 수 없고, 뒤의 것은 앞의 것을 따라잡을 수 없으며, 각자 스스로 큰 바다로 곧장 나아갔다. 세간의 모습은 바로 이러하여 오직 잠시 동안 부유하고 권세가 있으며, 부유하고 즐거우며, 자유자재하여도 오히려 생노병사가 있기 마련이다. 세간 사람들은 불교를 믿지 않으려 하고, 경에 의지해 기꺼이 수행하지 않으려 하며, 다음 세상에도 사람이 되어서 더욱 더 고통을 받아서 천불千佛의 국토에 태어나지 못한다.

그래서 나는 아미타 부처님의 국토에 왕생하기 쉽다고 말한다. 그러나 다른 사람들은 왕생을 수행하지 않으면서 오히려 915가지 사도로부터 '무안인無眼人'·'무이인無耳人'(곧 안락의 도가 보이지 않고, 권유하는 좋은 말을 알아들을 수 없는 사람)이라고 불린다."

이미 세존께서는 이렇게 고구정녕 간절히 권유하셨는데, 왜 이행도에 의지하여 힘들고 고생스러운 길을 버리지 못하는가? 우리는 당연히 이행도에 의지해야 한다!

부록

미타경찬 彌陀經讚

함허득통(涵虛得通) 기화(己和)[34]

제1장. 지름길을 열어 보이시다

크도다 대도사 석가여래
중생의 근기에 응하셔서
이승과 보살의 삼승열어
설하지 않은법 없으셨네
그사이에 따로방편 여시고자
아미타경 이경전을 연설하여
중생에게 정토업을 닦게하니
참으로 드물도다

---

[34] 기화己和 (1376~1433) : 고려말 조선초의 대선사. 『금강경 오가해』의 주석자로 유명함.

부록 : 미타경찬 239

대비세존 이경열어 보이시니
대비세존 이경열어 보이시니
아! 무명의 어둠속에
깨침의 등불얻음 같아라

第一 開示捷徑

大矣哉 大導師 釋迦文佛

應群機 開三乘 無法不說

更於其間 別開方便 演說是經

今修淨土 最希有

大悲世尊 說示此經 再唱

如暗得證

제2장 미혹의 무리에게 길을 가리키시다

가련타 가련타 연민하는
마음엔 우리들 중생들뿐
태어나 죽고또 태어나는
그고통 끝마칠 기약없네.
우리세존 선권방편 막힘없이 잘사용해
불도열어 보이시고 정진수행 권하시어
중생들을 물러나지 않게하니
참으로 드물도다
우리본사 대자대비 중생들을 이끄시니
우리본사 대자대비 중생들을 이끄시니
아! 어머니 갖난아기
보살핌과 같아라

第二 指途迷倫
可憐生 可憐愍 我等衆生
生復死 死復生 苦無盡期
惟我世尊 善權便便 開示勸進
令不退墮 亦希有
惟我本師 導生大悲 再唱
如保赤子

제3장 정토를 찬탄해 흠모하게 하시다

저부처 머무는 나라이름
극락국 안양국 정토이네
우리들 근본의 스승께서
인천에 보임은 기쁨일세.
그 가운데 장엄함과 온갖수승
입안에서 넘치도록 칭양하여
중생에게 극락왕생 권하시니
그 또한 드물도다
우리들의 대도사인 무상법왕 여래께서
우리들의 대도사인 무상법왕 여래께서
아! 저극락 서방정토
찬탄하여라

第三 讚土令欣
彼佛國 名極樂 安養淨土
我本師 示人天 所以爲樂
其中莊嚴 種種殊勝 滿口稱揚
勸令往生 亦希有
我大導師 無上法王 再唱
讚彼淨土

제4장 부처님 찬탄하고 염불 권하시다

저부처 명호는 무량광불
그리고 무량수 부처이네
우리들 근본의 스승께서
인천에 보임은 무량일세.
불가사의 부처공덕 가진이익
입안에서 넘치도록 칭양하여
중생에게 극락왕생 권하시니
그또한 드물도다
우리들의 대도사인 성인중의 어른께서
우리들의 대도사인 성인중의 어른께서
아! 저극락 아미타불
찬탄하여라

第四　讚佛勸念
彼佛號　無量光　亦無量壽
我本師　示人天　所以無量
不可思議　功德之利　滿口稱揚
勸令勸念　亦希有
我大導師　衆聖中尊　再唱
讚彼彌陀

제5장 육방의 제불이 다함께 찬탄하시다

동방의 제불과 서북방의
제불과 상하방 제불께서
넓고긴 혀내어 대천덮고
성실한 말씀을 설하시네.
너희중생 마땅히 제불께서
호념하는 아미타경 믿을지라
이와 같이 모두함께 찬탄하니
그또한 드물도다
부처께서 부처께서 넓고긴혀 모습내어
부처께서 부처께서 넓고긴혀 모습내어
아! 다함께 찬탄하며
지니길 권하여라

第五 六方同讚
東南方 西北方 上下諸佛
廣長舌 遍大千 說誠實言
汝等衆生 當身諸佛 所護念經
如是同讚 亦希有
佛佛皆以 廣長舌相 再唱
同讚勸持

제6장 이곳저곳 부처 서로서로 접인하시다

근본의 스승인 석가세존
미타불 공덕을 찬탄하듯
저 타방 계시는 부처님도
우리의 불여래 찬탄하네.
오탁악세 능히 큰 보리이뤄
믿기가 어려운법 설하시네
이와 같이 서로서로 찬탄하니
그또한 드물도다
이곳부처 저곳부처 모두함께 극락정토 인연하여
이곳부처 저곳부처 모두함께 극락정토 인연하여
아! 서로서로 돌아가며
칭찬하여라

第六 此彼相接
如本師 釋迦尊 讚佛功德
彼諸佛 亦稱讚 我佛如來
能於五濁 成大菩提 說難信法
如是相讚 亦希有
彼此如來 皆因極樂 再唱
互相稱讚

제9장 중생의 근기에 부처님 감응하시다

과거와 현재세 무량제불
행하지 않음이 없으시니
중생을 제도키 위하여서
이세상 화신을 나투니라.
우리불자 일 찍 이 여러부처
부르심에 중생근기 피했지만
이경에서 잘못임을 알게되니
그또한 드물도다
기이해라 묘하여라 우리부처 교화하니
기이해라 묘하여라 우리부처 교화하니
아! 홀연히 머리를
돌리노라

第九 已發機感
過去與 現在世 無量諸佛
莫不爲 度衆生 出現於世
我等佛子 於彼諸佛 早當廻機
到此知非 亦希有
奇哉妙哉 我佛風化 再唱
忽然回頭

제10장 널리 염불로 회향하시다

생사를 여의는 대방편은
불설로 가르칠 것없지만
지름길 가리켜 미한중생
제도해 깊고도 간절해라.
시작없는 과거부터 지금까지 애욕강에
깊이빠져 생사벗어 나는요체 몰랐지만
이경전을 인연하여 돌아갈곳 알게되니
그또한 드물도다
광활해라 위대해라 아미타경 위덕이여
광활해라 위대해라 아미타경 위덕이여
아! 초목이 바람따라 쓰러지듯
교화대로 달리노라

第十 普念回向

離生死 大方便 無敎佛說

指徑路 度群迷 此尤深切

無始至今 長沈愛河 不知出要

因此知歸 亦希有

廣矣大矣 此經威德 再唱

靡然趨化

此無量壽大摧弘廣隨求心所願從佛眼母
勝吉祥讖頂光能滅惡趣唵嚩嚩囉帝（句置之）
雲龍鬼護持法舍利之伽他佩之者身同諸佛普
勸四眾持帶結緣並願同登真常妙果

아미타경 심요

1판 1쇄 펴낸 날 2016년 5월 14일

강술 이시푼촉益西彭措 캄포 **편역** 허만항
발행인 김재경 **편집** 김성우 **교정교열** 이유경 **디자인** 최정근
마케팅 권태형 **제작** 해인프린팅
펴낸곳 도서출판 비움과소통
　　　　서울시 구로구 구로동로 206(구로동 487-36 1층)
　　　　전화 02-2632-8739　팩스 0505-115-2068
홈페이지 http://bns-mall.co.kr　**이메일** buddhapia5@daum.net
출판등록 2010년 6월 18일 제318-2010-000092호

ⓒ 이시푼촉 캄포
ISBN 978-89-97188-97-0 03220

＊ 책값은 뒤표지에 있습니다.
＊ 잘못된 책은 서점에서 바꾸어 드립니다.
＊ 이 책은 저작권법에 따라 보호받는 저작물이므로 무단전재와 복제를 금지하며, 이 책 내용의 일부를 이용할 때도 반드시 지은이와 본 출판사의 서면동의를 받아야합니다.

전법을 위한 법보시용 불서는 저렴하게 보급 또는 제작해 드립니다.
다량 주문시에는 표지·본문 등에 원하시는 문구(文句)를 넣어드립니다.

불경 출판·보시의 열 가지 공덕
(印佛經之十大利益)

불경을 출판하여 법보시 하면 다음과 같은 열가지 공덕이 있다.

첫째, 종전에 지은 바 가지가지 죄악과 과오가 있더라도, 가벼운 사람은 선 자리에서 곧 소멸되고, 무거운 사람은 점차 가벼워진다.

둘째, 항상 길신(吉神)이 옹호하므로 일체의 전염병과 수재(水災)와 화재(火災), 도적에게 빼앗기는 일, 흉기에 다치는 일, 감옥에 갇히는 일 등 일체의 재난을 받지 않는다.

셋째, 오래도록 원한이 맺힌 원수를 대하더라도 감응시켜 법을 이익되게 하고 해탈을 얻게 하므로 원수로부터 보복을 당하는 고통을 영원히 면한다.

넷째, 야차(夜叉)와 악한 귀신(惡鬼)이 능히 침범치 못하고, 독사와 굶주린 호랑이도 능히 해치지 않는다.

다섯째, 마음에 안위(安慰)를 얻고, 날마다 힘한 일은 없어지며, 밤에는 악몽을 꾸지 않고, 얼굴색이 빛나고 윤택해지며, 기력(氣力)이 충만하여 넘치고, 하는 일마다 길하고 이롭다.

여섯째, 지극한 마음으로 불법을 받들므로 비록 구하고 바라는 것이 없으나 자연 의식(衣食)이 풍족하고, 가정이 화목하며, 복덕과 수명이 길어진다.

일곱째, 말하고 행동함이 사람과 하늘이 기뻐하므로(人天歡喜) 어느 곳에 가더라도 항상 많은 대중이 정성을 기울여 사랑하고 받들며, 공경하고 예배한다.

여덟째, 어리석은 사람은 지혜로워지고 병든 사람은 건강하게 되며, 빈곤한 사람은 부자가 되고, 여자의 몸이지만 보답하는 나날이 계속되면 남자의 몸을 빨리 받는다.

아홉째, 지옥•아귀•축생과 같은 악도(惡道)를 길이 여의고, 선도(善道)에 태어나며, 얼굴의 생김새가 단정하며, 나면서부터 타고난 기품이 뛰어나며, 복록(福祿)이 수승해 진다.

열째, 능히 일체중생을 위하여 선근(善根)의 종자를 심으며, 중생의 마음으로써 큰 복전(福田)을 지어서 헤아릴 수 없는 수승한 과보(果報)를 얻어 나는 곳마다 항상 부처님을 뵈옵고 법을 얻어 들으매 곧바로 삼혜(三慧)가 크게 열리어 여섯 가지 신통(六神通)을 증득하고 속히 성불(成佛)하게 된다.

무릇 오래 살기를 빌거나(福壽), 기쁘고 경사스런 일이 있거나(慶喜), 재난을 면하고자 하거나(免災), 바라는 바 소원을 기원하거나(新求), 잘못을 뉘우치거나(懺悔), 고시(高試)나 입시(入試)에 임할 때를 만나면 모두 기쁜 마음으로 경전을 방청하여 널리 법보시 하기를 권합니다.

어떤 사람이 억만금의 재물과 보화를 가지고
모든 보살과 중생에게 모두 베푼다면
그 얻는 복이 비록 무량하기는 하겠지만,
이 또한 어떤 사람이 다른 사람에게
한번 아미타불을 소리 내어 외우도록 권한 공덕만 못하리라.
- 현호경賢護經

법보시 발원문

무량수 무량광 아미타 부처님께 지심귀명 하오며,
늘 아미타 부처님의 무한한 광명 속에 살다가 이생이 다하면 미타용선
올라타고 극락세계로 왕생하기를 발원합니다.

아미타 부처님의 거룩하신 본원을 알리는 이 책의 법보시 공덕으로
가족 모두 마음과 몸의 무명과 업장을 씻어내고,
소원을 성취하여 행복하고 풍요로운 삶을 영위하면서,
고통 받는 이웃을 도울 수 있는 지혜와 법력을 주십시오.

아울러 이 책과 인연이 닿은 모든 분들의 부모 조상, 일체인연중생들과
인연영가님들도 아미타 부처님의 크신 서원에 힘입어 모두 정토에
왕생하는 기연을 맺게 되시기를 발원합니다.
이 책으로 지은 모든 공덕을 아미타 부처님 전에 회향합니다.

나무아미타불
나무아미타불
나무아미타불

법공양 발원제자

☯ 최태영 上逝先亡父母, 최태영 임혜경 최연선 최윤서 박경숙(서울시 내발산동) ☯ 최효영 정금순 최동철 최윤정 최솔 최율(대구시 대현2동) ☯ 최명영 이순애 최선희 최미희 최연희(대구 용산동) ☯ 진선희 上逝先亡父母, 김영준 진선희 김상화(경기도 김포) ☯ 송선재 정명주 송명환 송기준(전주시 효자동) ☯ 정한웅(울산시 심산동) ☯ 신소식 영가, 김늠시 영가, 신판철 최영자 신주환 추하경 신동환(울산 범서읍) ☯ 박범권(광양시 다압면) ☯ 혜안 법은행 김진우 김유진(서울 가락동) ☯ 강현경 김성수 채수용 채민정(부산시 지사동) ☯ 이유경 上逝先亡父母, 김정자 이유경 이현주 이명자 이지환 김황무(서울 당산동) ☯ 김한수 이은순 김희영 오현진 이행후 이소영 이시현 이도관 이도영(서울 중곡동) ☯ 이성수 이승주 이동림 장숙자(서울 신길동) ☯ 南無阿彌陀佛(대구 신천동) ☯ 최동연(군포시 산본2동) ☯ 송상윤 박서진(서울 제기동) ☯ 정충원(서울 신천동) ☯ 김진구(서울 장충동) ☯ 전준하(대구 내당2.3동) ☯ 고의환 박수용 성민혜 박상언 박진아 박재관 고준환 조순옥 고길환(서울 당산동) ☯ 한영옥 박숙희(남진주시 상대1동) ☯ 김만복 上逝先亡父母, 김만복 주경분 김재경 유경숙 김영은 김영웅 이경화 김중연 양두리(칠곡군 북삼읍) ☯ 이소분 신호식 김재숙 신동헌(경북 구미시) ☯ 주옥분 上逝先亡父母, 김영창 주옥분 김기영 김주연 이은성 이도건(대구 중리동) ☯ 권필열 주옥순 권재필 권재민(대구 중리동) ☯ 김도훈 주미향 김유진 김규태 김민정(부산시 화명동) ☯ 김재운 정경옥 여보경 여준상 김준영(부천시 역곡동) ☯ 김만석 영가, 김대석 조재선 김정근 안증득 조재우 조재익 조재환 조재숙(부천 중3동) ☯ 이서안(서울 역삼동) ☯ 최상호(강원도 원주시) ☯ 최현확 정현주 변곡지(서울 화곡동) ☯ 김형규(부산 괴정2동) ☯ 신호근(서울 강일동) ☯ 최민석 김태봉 최유경(광주 월산동) ☯ 김중구(원주시 우산동) ☯ 이기정(남양주시 묵현리) ☯ 권경임(서울 송파구) ☯ 조은숙(제천시 송학면) ☯ 명금자(천안시 봉명동)

合 掌

– 비움과소통의 정토 불서들 –

'나무아미타불' 6자 염불은
생사 해탈의 지름길

만약 발심하여 염불 한다면,
일념의 염불[一念念佛]이
일념의 깨달음[一念覺悟]이고,
염념의 염불[念念念佛]은
염념의 깨달음[念念覺悟]이다.

범부가 윤회를 벗어나는 지름길
《불력수행》
– 정토도언 · 불법도론 · 염불론 · 선사들의 염불법문
정전스님 편역 | 신국판 | 무선 | 흑백 | 308쪽 | 12,000원

일생에 육도윤회를 벗어나 성불하는 지름길

어떤 중생이나 여러 생을 지내지 아니하고
일생에 염불한 공덕으로 육도윤회를 벗어나
극락세계에 왕생하여 아미타불의 설법을 듣고
필경에는 성불하는 법문이 연종蓮宗법문이다.

《불멸不滅의 길 연종집요》
홍인표 지음 | 150 * 210 | 부분 컬러 | 254쪽 | 12,000원

육도윤회를 벗어난 깨달음의 세계인
극락에 화생하기 위한 임종안내서

임종하는 분의 조념염불에 동참하는 것은
미래세의 부처님을 탄생케하는 대작불사로서,
곧 나의 부모형제의 조념염불을 하는 것이며
결국, 나를 미리 조념염불하는 것과 같다

《행복한 죽음을 위한 조념염불법》
- 임종삼대요 · 임종혹문 · 조념염불실용문답 · 왕생사례
정전 · 보정 옮김 | 148*200 | 부분컬러 | 232쪽 | 12,000원

어리석은 축생조차 왕생극락 하는데,
하물며 사람이랴!

저들이 비록 축생이지만 불성은 나와 평등하고,
무량한 윤회 가운데 혹 나의 부모였을 수도 있고
염불법을 만난다면 역시 성불할 수 있다는 것을
진실로 믿는다면 어찌 감히 살생할 수 있겠는가!

극락에 간 반려동물 이야기
《동물왕생불국기》

정종법사 지음 · 정전스님 옮김

122 * 182 | 부분 컬러 | 192쪽 | 8,000원

– 비움과소통의 정토 불서들 –

"나는 본래 인지에서 염불하는
마음으로 무생법인을 증득하였고
지금 이 세계에서도 염불인을
거두어 정토에 돌아가게 하니라"

아미타 부처님의 화신 선도대사의 법을 이은
대세지보살의 응화신 법연상인의
전수염불 법문의 정수!

《아미타불의 본원을 선택하라》
– 법연상인의 '선택본원염불집' 완역

법연상인 찬술/정자스님 번역 | 46배판 | 무선 | 부분칼라 | 324쪽 | 12,000원

"내 이름을 부르는 사람마다 다 극락에 나게 하리라"
범부와 현성이 함께 닦는 성불의 지름길!

상중하 모든 근기의 중생이 두루 이익을 보고,
착수하기 쉽고 성공율 높으며,
힘 적게 들이고 효과 빠르며,
만 가지 공덕을 원만히 성취하는 수행법

《아미타불 48대원》
–무량수경·아미타경과 정법개술(淨法概述)

연관스님/보정거사 번역
46배판 | 무선 | 부분칼라 | 250쪽 | 10,000원